GOLGOtorial

editoriais do brasileiro que abalou a mídia tcheca

FABIANO GOLGO

"O jornal Metro é claramente o diário tcheco mais dinâmico e interessante. E também o mais polêmico. Claro, pois é semelhante ao seu editor-chefe. Golgo foi diretor também da revista de atualidades Redhot, da Playboy, e refundou a revista Nový Prostor, cujas vendas ajudam os sem-teto, e mais alguns outros títulos. O problema é que Golgo sempre sai batendo as portas."

Miloš Čermák, colunista de mídia

fonte: WIKIPÉDIA tcheca (cs.wikipedia.cz)

PREFÁCIO

Quando ele me convidou para escrever este prefácio, lembrou-me de sua repetida máxima: „boa notícia é propaganda, o que interessa ao leitor é o que está errado", portanto pediu que eu falasse mal dele, já que „heróis são enfadonhos, bom mesmo são os vilões e anti-heróis". Não me elogie, conte tudo que eu fiz de errado, rogou.

Quando eu vi aquele rapaz moreno, com cavanhaque muito preto, olhos amendoados e penetrantes – totalmente diferente do fenótipo tcheco – adentrando a redação, imaginei que seria algum entrevistado.

Logo reconheci que era o brasileiro que havia levado o controverso chefão da primeira TV comercial do nosso país, Vladimir Železný, a bufar de raiva, em reação a uma coluna de opinião publicada no jornal Lidové Noviny. Esse estrangeiro virou conhecido nacionalmente na mesma hora, pois o programa que o poderoso diretor da TV Nova apresentava todos os sábados, respondendo perguntas dos telespectadores sobre sua emissora, era assistido fielmente por 3 milhões dos 10 milhões de habitantes do país.

Concluí que nossa revista, Redhot, cujo nome não se refere ao grupo de rock, mas à expressão utilizada nas bolsas de valores americanas quando querem apontar alguma ação que repentinamente começa a subir de valor, iria entrevistar o jornalista que abalara os nervos do homem que havia apresentado os tchecos aos seriados americanos e telenovelas mexicanas, em contraste com a TV pública, que, como a BBC britânica, ainda era a mais apreciada pela população.

O país estava dividido entre os puristas, mais conservadores, que viam com maus olhos esse jorro de lixo cultural americano que a TV Nova, e a mais recente TV Prima, trouxeram para os lares tchecos, que haviam passado 41 anos sob o jugo dos comunistas, marionetes da União Soviética, e 6 anos sob os nazistas, portanto há muitas décadas sem uma mídia independente e autônoma.

Havia uma guerra cultural em curso. O país havia se dividido no Natal de 2000, quando os jornalistas da TV pública se recusaram a aceitar a eleição apressada e sem análise de um novo presidente para a emissora, que contava com dois canais, um mais geral e outro de alta cultura. A redação do canal alegou que a escolha fora feita com cartas marcadas, após uma manobra que levou à eleição de um aliado político do ex-premier Václav Klaus, nêmesis do presidente Václav Havel, o dramaturgo dissidente que virara símbolo da luta pacífica, quase ghandiana, contra o regime comunista.

Aquartelados na redação do principal telejornal tcheco, os jornalistas, unidos a artistas e políticos solidários, passaram a ocupar a emissora, dormindo em seus estúdios e se recusando a obedecer as decisões do novo presidente-diretor, em um embate que durou semanas e tirou o sinal do ar algumas vezes.

Golgo fora enviado para cobrir o protesto por um colega do The New York Times, Eric, que era o correspondente do jornal americano em Praga, mas que, como a maioria dos *expats*, havia voado pra casa para passar as festividades de final de ano, até porque quase nada acontece nessa época que justificasse sua permanência em Praga. Ao se deparar com a notícia de que, na primeira noite de protesto, 10 mil tchecos, sem chamado, em reação coletiva espontânea, foram prestar solidariedade aos jornalistas entrincheirados, sob neve e temperatura de 20 graus abaixo de zero e que, dois dias mais tarde, 100 mil pessoas encheram a rua principal de Praga, o jornal americano buscou alguém de confiança para cobrir a insurreição popular em favor da TV pública. Eric conhecia Golgo, que era correspondente para o Jornal do Brasil, do clube de jornalistas estrangeiros. Ligou pra ele pedindo que fosse seu repórter especial.

Ao se depararem com um correspondente do New York Times, os jornalistas da emissora resolveram lucrar com seu depoimento, que confirmava a solidariedade do jornal, e inseriram o brasileiro em um videoclipe com imagens dos repórteres dormindo pela redação, das multidões prestando apoio e outras imagens costuradas para causar emoções nos telespectadores. A cada 15 minutos, milhões de telespectadores viam esse homem moreno, com credencial do NYTimes, dizendo-nos qual lado da briga estava com apoio internacional.

Mas até ali era apenas um nome exótico. Em março, quando o jornal Lidové Noviny já havia aproveitado a curiosidade do público quanto àquele homem de voz de trovão e o contratado para escrever uma coluna aos sábados, de página inteira, em uma seção dedicada a análises aprofundadas sobre assuntos do momento, ele tomou corpo com os ataques de Železný, que não aceitou o deboche do brasileiro, que debulhou seu programa de maneira humorada, sem deixar de apontar vestígios de que o diretor escrevera ele mesmo uma carta que supostamente teria sido enviada por um telespectador, reafirmando as opiniões da concorrente privada contra a necessidade da existência de canais públicos, pagos com dinheiro do povo. A TV Nova queria eliminar a potente concorrência e fabricara uma carta para lhe dar suporte.

Não contava com a inédita tática de Golgo, que reuniu 13 episódios do programa e contou o número de vezes que certas palavras eram utilizadas, sendo várias delas expressões mais eruditas, típicas do diretorapresentador, que era formado em astronomia, e mostrou que as mesmas construções frasais, o mesmo estilo e a repetição de certas palavras acontecia na tal carta. Para piorar, Golgo foi atrás do nome do autor da correspondência, falando com cada um dos 37 existentes no país – e nenhum deles havia enviado carta alguma.

Železný aparentou desespero em sua tentativa de desbancar o jornalista brasileiro que havia ousado atacar um todo-poderoso da mídia. Ele repetiu o nome do Golgo tantas vezes ao longo de 3 semanas, que todo mundo queria saber quem era esse Davi que havia acertado uma pedrada no olho do Golias tcheco.

Portanto, naturalmente concluí que ele seria o nosso entrevistado da semana. Quando o dono da revista entrou na redação para lhe dar as boas vindas e apresentar para o time, mal pude acreditar: aquele brasileiro se tornaria nosso editor-chefe a partir daquele dia.

Metade dos jornalistas se revoltaram. Como pode um brasileiro entender nossa língua, considerada a terceira mais difícil entre as caucasianas, ao ponto de dirigir um semanário de notícias. Como poderia um estrangeiro entender nossa cultura pop, nosso tipo de humor, conhecer nossos ídolos, saber dos desenhos animados que assistimos, dos filmes que amamos. Esses estrangeiros conseguem, no máximo, aprender sobre nossa história. Adoram os tempos comunistas, admiram a Revolução de Veludo, chamada assim por seguir a tradição pacífica dos tchecos, sem derramamento de sangue.

Mal sabíamos que estaríamos entrando em um barco que marcaria história na mídia tcheca. Que seríamos soldados de um exército comandado por esse gesticulante latinoamericano que não se contentava com o normal, sempre querendo ultrapassar limites, quebrar tabus e buscar o topo do mercado.

Golgo demorou quase um mês para convencer os revoltados, que não se encabulavam de lhe dizer coisas ásperas, como é comum aos tchecos. Não tem como descrever aqui o rol de mudanças que o Golgo trouxe à mídia tcheca. Ele simplesmente revolucionou a linguagem utilizada em revistas – dizia „quero ouvir a matéria, não lê-la", aludindo à necessidade de se escrever como se fala, sem aquela tendência de rebusco que temos quando escrevemos. Essa revolução foi retratada em pelo menos 4 teses de faculdade e é parte integral do currículo constante da Faculdade de Comunicação da principal universidade tcheca.

Até então, graças ao fechamento para o mundo, promovido pelos comunistas, a mídia tcheca havia parado no tempo. Sua linguagem e visual estancaram na década de 1940. Formalismo exagerado, falta de artifícios como a ironia, o sarcasmo, o deboche. Tudo muito antiquado, inclusive visualmente. Golgo mudou tudo isso.

Seu trabalho na revista virou manchete, pois ele era o único editor-chefe que havia recebido esse tratamento midiático na TV, alçando seu nome às massas. Que, curiosas para ver o que essa figura diferente de nós tinha a oferecer, e prontas para atirar as flechas, se surpreenderam com a linguagem intimista, engajada diretamente com o leitor, como se fosse uma reportagem de rádio transcrita.

A Redhot pulou, em 3 semanas, de terceira revista no ranking dos semanários de notícias (como as americanas Time e Newsweek), para o primeiro lugar, onde ficou até a saída do brasileiro. Bastaram 2 semanas sem ele no timão e a revista caiu de volta para onde estava antes de sua entrada. Como se repetiu em seus veículos seguintes, aos quais eu fui levado para integrar seu time, Golgo sempre levou-os ao topo de vendas, ganhando a alcunha de Midas da mídia tcheca.

Foram 4 revistas de atualidades – Redhot, Nový Prostor, Mladá Fronta Plus e Nekorektní – além do jornal Metro. Fora isso, o Golgo ainda apresentou dois programas de rádio e criou um programa de TV que ficou no ar 17 anos e dirigiu a Playboy.

Quando ele me convidou para escrever este prefácio, lembrou de sua repetida máxima: „boa notícia é propaganda, o que interessa ao leitor é o que está errado", portanto pediu que eu falasse mal dele, já que „heróis são enfadonhos, bom mesmo são os vilões e anti-heróis". Não me elogie, conte tudo que eu fiz de errado, rogou.

Mas eu sei que estava blefando. Velho lobo do mar, daqueles que farejam o que há por trás dos fatos a léguas de distância (quantas vezes perdi apostas por não conseguir enxergar tão longe como ele), Golgo sabe da dificuldade que eu tenho de falar mal dele. Afinal de contas, eu estava naquele dia na redação da Redhot apenas como estagiário. Tinha 18 aninhos. E ficaria apenas 3 meses, pois havia sido inserido lá por uma ONG que pagava meu salário, em troca de me darem a chance de aprender jornalismo. Acontece que sou cigano.

Para quem não conhece a realidade de minha etnia no Leste Europeu, imaginem os negros no Sul dos Estados Unidos. Não, já não lincham, mas a discriminação segue.

Ciganos frequentam escolas especiais, onde não nos misturam com os loiros tchecos. Onde os professores também são ciganos, em uma segregação racial a céu aberto.

Não é só isso. Eu sou completamente cego de um olho e, no outro, só enxergo 23%. É que eu nasci gêmeo, quando minha mãe ainda estava no sexto mês de gestação, e fui colocado com meu irmão numa encubadora. De quando em quando, a enfermeira tinha que nos virar de lado, pois a tal estufa de bebês prematuros continha uma luz forte que poderia causar queimaduras. Por um erro da enfermeira, não fui virado e meus olhos foram incendiados. O pouco que sobrou é entrecortado por riscos e minha visão é assombreada.

Mesmo assim, desde criança eu sempre quis ser jornalista. Passava horas ouvindo as notícias na rádio, já que tenho enorme dificuldade para leitura. Mas escrevo bem, então achei que seria possível. Eu não contava com o preconceito generalizado que impedia que até os ciganos com bons olhos tivessem algum lugar pra trabalhar, a não ser publicações voltadas ao nosso povo. Somente por causa da ONG financiada pela União Europeia eu havia tido essa oportunidade. Achava que dali eu sairia direto para o portal de notícias sobre o povo Roma, que é o nome oficial utilizado para nossa etnia. Não contava com a chegada do Fabiano.

Logo em seguida a esse dia, quando acabou meu estágio, ele mandou me contratar. A redação entrou em polvorosa, reclamou que nunca um cigano havia publicado algo na mídia tcheca. Aí sim ele quis mais ainda. Virei o primeiro cigano na mídia impressa „branca" da história do país. Foi preciso um brasileiro audacioso para confrontar a todos e me permitir a oportunidade. Quando 17 dos 21 membros da redação promoveram uma operação tartaruga como sabotagem pela minha contratação, Fabiano pegou os 5 que sobraram e fez duas edições da revistas sozinho com eles e eu, por duas semanas. Não demitiu ninguém, nem chamou a atenção deles, jogou com as mesmas armas.

Ao verem ele dormindo na redação, escrevendo metade dos artigos e ainda assim, com grupo reduzidíssimo, colocar nas bancas aquilo e bater recordes de vendas, o resto da equipe declarou um truce e, mesmo desconfiadamente, aceitou minha presença.

Não satisfeito, Golgo resolveu que eu seria o repórter-chefe no Parlamento. Um cigano – tchecos são loiros, altos, nós somos moreníssimos e baixinhos – entrevistando o premier, os deputados, senadores, o presidente... Claro que isso virou notícia. E, claro, que o Golgo, além de bonzinho, é esperto. Tem aquela malandragem brasileira que aprendemos nas novelas dubladas. A publicidade sextuplicou as vendas! Além de cobrir notícias, virei notícia. E o Golgo sabia que isso atrairia novos leitores.

Ah, para bem ilustrar a personalidade do Golgo, ele mandou comprar um microfone daqueles bem compridos, com uma espuma acompanhando todo o seu comprimento, com a logomarca da revista. Com isso, mesmo o microfone estando conectado somente a um pequeno gravador portátil, já que não éramos TV ou rádio, mas revista, eu era notado por todos, inclusive os telespectadores assistindo aos noticiários televisivos, já que meu microfone se destava entre os das emissoras eletrônicas. Golpe de mestre. E de anjo. Ao mesmo tempo. Propaganda gratuita da Redhot em horário nobre. O microfone diferente e exuberante, segurado por uma mão distintamente escura. Todos os olhos dos telespectadores dos noticiários eram naturalmente atraídos para mim e para nossa logomarca no microfone.

Desde lá, ele me levou para todas as publicações que dirigiu. Nunca tive outro emprego, somente quando ele estava trabalhando. Apesar de minha experiência e êxito profissional, só o Golgo me contrata. Quando ele tem trabalho, eu tenho. Quando ele não tem, o que costuma acontecer sempre por uns dois anos a cada vez que ele sai de uma publicação berrando pra todos ouvirem os motivos, geralmente atacando os donos ou o departamento comercial, demora um tempo até outra mídia ter a coragem de contratá-lo, pois sabem que as vendas vão aumentar, mas que ele pode sair batendo portas, eventualmente, se não concordar com seus superiores.

O problema do Golgo é esse: ele se acha dono das revistas e jornais que dirige e não aceita interferências. Prefere sair. Eu seria mais pragmático, mas não sou de faca na bota como ele. Sei engolir sapos.

Na terceira revista, ele me transformou em fotógrafo... Sim, com os pouco mais de 20% de visão caolha que tenho, o Golgo me convenceu e financiou um curso com um australiano também quase cego, que me ensinou o que até hoje é minha labuta. Agora que ele não dirige mais nada, eu faço fotos de casamentos, o que rende o triplo do que jamais ganhei como repórter ou fotógrafo na mídia.

Então, para falar mal do Golgo, é preciso deixar claro tudo isso. Pois ele, de fato, não é só rosas. Petulante, ele tem explosões quando a gente menos espera, é perfeccionista em um grau difícil de alcançar, o que deixa todo seu time inseguro de que seu trabalho não atinge os limites mínimos impostos por ele. Acha que ninguém tem vida pessoal, como ele, exigindo que virássemos noites e finais de semana quando edições especiais de emergência surgiam. É capaz de jogar uma edição inteira fora, como fez várias vezes, para fazer tudo de novo em uma noite, para acomodar alguma grande notícia.

Não dá bom dia, não pede licença nem diz obrigado, pois defende a teoria de que, no trabalho, precisamos de fluidez e que essas frases vazias só tomavam tempo precioso, desnecessariamente.

Não precisamos gostar uns dos outros, repetia, somos um exército combatendo os males da sociedade, não um clube maçônico.

O que justificava sua total insociabilidade, sendo que nunca saía conosco – odeia bares, não gosta de boates, não bebe álcool, nem fuma. Nem uma cervejinha ou vinho. Fica só na Coca-Cola.

Se queríamos encontrá-lo, estava na redação. Sempre. Não tinha feriado, não tinha horário. Nem vida pessoal. Dava pra ver que aquilo era sua identidade.

Quando perguntado sobre como deveriam chamá-lo, se pelo nome ou sobrenome, ele dizia, me chamem de jornalista. Não sou uma pessoa, sou um instrumento, explicava.

Então, se perguntarmos para quem trabalhou com o Golgo sobre seus defeitos, certamente virão muitas reclamações quanto aos insultos que ele é capaz de metralhar quando estoura por algum motivo que, para nós, parecia bobo. Confesso que insiro nesta lista de defeitos essa abstemia também, pois não beber pelo menos uma cerveja ou um vinho de vez em quando me parece uma fraqueza de espírito. Ele não conhece certos lugares da consciência que todo homem de bem tem que conhecer...

O Golgo ainda tem umas manias que incomodam a maioria ao seu redor. Fica ouvindo jogo de futebol no rádio, coisa que ninguém mais faz. Outro defeito é torcer pelo Slavia, quando todos sabem que o Sparta é o time melhor do país. Quando o seu time ganha, algo bissexto, ele vem com a camiseta oficial a semana toda e fica enchendo o saco de todos os spartanos. Deve ser coisa normal no Brasil, mas não é comum pra nós.

Já o pior defeito, mesmo, é seu entusiasmo incessante. Para nossa cultura, a melancolia e a negatividade são os vetores. O Golgo é o oposto e talvez seja por isso que fez tanta diferença. Não há o que o faça achar que as coisas que ele planeja não vão dar certo. Ele se atira nos projetos com uma coragem quase infantil. Leva tombos e nem reclama.

Eu o vi ir parar na rua, nos hiatos entre trabalhos... Um homem que ajudara a donos de mídia a fazer milhões, acabou sem emprego por um tempo suficiente para que não pudesse mais pagar seu aluguel! Como havia dirigido uma revista – a Nový Prostor – que era comercializada por e em favor de pessoas sem-teto, ele utilizou os truques aprendidos com eles para sobreviver sem uma residência, por 4 meses, pelo menos. Sei disso porque foi feito até um documentário por uma estudante de cinema eslovaca, que me entrevistou e revelou que isso tinha acontecido na vida do Golgo.

O maior defeito do Golgo, no entanto, me parece claro: ele nunca foi demitido, sempre saiu por conta própria, brigado com o dono. Eu vi todas essas brigas. Na Redhot foi porque Antonín Herbeck, o jovem de 37 anos que era proprietário dessa e de outras 11 revistas, queria que o Golgo publicasse algo que o brasileiro insistia ser uma mentira. O dono não queria aceitar, Golgo rebateu que era a foto dele que aparecia ao abrirem a revista e que ninguém sabe quem era Herbeck. Que ele não iria publicar algo que ele sabia ser mentira. Ponto final. Limpou suas gavetas e foi embora.

Na Playboy, não foi demitido nem pediu demissão. Ele foi contratado para elevar o nível das reportagens a um ponto que a revista alcançasse o patamar imposto por Hugh Heffner, o proprietário da marca. Acontece que, apesar das fotos de 4 mulheres nuas em cada edição, a filosofia da publicação era oferecer as reportagens mais poderosas e as entrevistas mais exclusivas possíveis, para que, assim, os maridos pudessem justificar a compra da Playboy como sendo pelas matérias e não pelas moças. O nome do Golgo havia despontado com a Redhot e o americano mandou contratá-lo a peso de ouro. E eu fui com ele. Pena que não pude ver direito as mulheres nas sessões de fotografia. Só 23%...

Missão cumprida, a Playboy lhe deu uma pequena fortuna, a qual o Golgo investiu na tal revista pros sem-teto venderem, a Nový Prostor, que é até hoje um grande sucesso e que ajuda pessoas com sérias dificuldades financeiras, pois metade do valor de capa fica diretamente com elas. Ele reuniu os melhores repórteres do país e pediu que cobrassem valores simbólicos para que pudessem ajudar essas pessoas em situação de rua. Funcionou. Logo virou a melhor revista semanal do país.

Como fazia a revista de graça, depois de 2 anos, faliu. Acabou o dinheiro da Playboy. Aí aceitou o convite para lançar uma nova revista semanal de notícias, aproveitando-se da fama em torno de seus dias na Redhot. A Mladá Fronta Plus entrou no mercado desbancando toda a concorrência. O estilo único do brasileiro atraía multidões entediadas com a mídia sem sal tcheca. Foi ali que me tornei fotógrafo.

Em um final de noite, quando a revista já estava pronta para ser enviada às máquinas impressoras, Golgo recebe um telefonema de um colega nosso dos tempos da Redhot. Ele estava trabalhando na revista concorrente. Contou, aos risos, mas amigavelmente, de galhofa, que a revista do Fabiano iria pro esgoto depois que saísse publicada a notícia que ele havia desvendado: de que o dono da nossa publicação, František Savov, havia desviado 50 milhões de euros, recebidos da União Europeia para a distribuição gratuita de nosso veículo nos trens intermunicipais tchecos. Isso arruinaria a imagem da revista. Que seria cúmplice de um desvio milionário.

Golgo não teve dúvida. Mandou parar as máquinas! Reuniu quem ainda estava na redação naquela hora da noite e avisou: quem não puder perder esse emprego, vá pra casa agora. Aqueles que puderem, fiquem comigo para preparar uma edição especial.

Na manhã seguinte, a revista de Savov tinha o próprio Savov na capa, ornamentado como aqueles cartazes de „Procura-se" do Velho Oeste americano. No Golgotorial, como passaram a chamar seus longos editoriais – extensão e estilo que nunca víramos em editoriais –, ele explicou exatamente o que tinha acontecido, falou do telefonema do ex-colega e declarou que não iria fazer parte de uma revista que havia sido usada para corrupção. Oito páginas em primeira pessoa, contando tudo que ele havia ouvido e visto sobre o empresário. O resto das páginas saíram, historicamente, pretas, como luto pela revista.

De manhã, Golgo foi para Ljubljana, na Eslovênia, onde morou com seu parceiro Tomaz por 2 anos, até poder voltar, quando Savov já havia fugido do país. Demorou mais de uma década, mas Savov acabou condenado e preso.

No entanto, quem iria dar emprego para o Golgo? Que dono de revista ou jornal, de sã consciência, abriria as portas para um homem que havia recusado as ordens daquele que paga seu salário e denunciado outro na revista do próprio? Todos sabiam que o Golgo era bom, mas perigoso.

A cada sucesso, que durava por volta de dois anos, se seguiam outros dois anos sem emprego. Eu vi o Golgo subir e descer várias vezes. Mas nada o abalava.

O que nunca perdeu foram suas colunas de jornal. Assim que ficou claro seu estilo longo e único, profundamente analítico, amplo em conhecimento de história, jornais passaram a brigar para ter suas opiniões publicadas. Esse tipo de trabalho recebe valores simbólicos, apenas, pois são sinal de prestígio para o colunista. Então, mesmo sem salários altos de editor-chefe, Golgo sempre se manteve presente no consciente coletivo tcheco através de sua média de dois comentários por semana, publicados em jornal, revista ou websites de prestígio, jornalísiticos. Chamam o Golgo pra comentar de tudo, desde a psicologia do Kremlin até os resultados do futebol, passando pela política local e internacional, economia, cultura, ciência, história ou nossas celebridades.

Controverso, ele já chamou os tchecos de fedidinhos (!!); já se declarou contra adoção por gays (mesmo ele sendo homossexual!), desdenhou do casamento entre pessoas do mesmo sexo e ataca o excesso de letras no movimento LGBTQAIN+; defende quase sozinho os direitos dos ciganos; foi o único editor-chefe que se recusou a aceitar convite para visita „em off" ao embaixador americano após os ataques de 11 de setembro de 2001; criticou inúmeras vezes o jornal em que saem seus comentários, no próprio comentário ali publicado...

Se é pra falar mal, como ele pediu, posso também recitar o que seus namorados diziam: ausente, dá pouca atenção – mas exige dedicação irrestrita a ele –, prepotente nas decisões do lar, péssimo motorista, acha que cozinha bem (só que não), tem a mania de só comprar roupas na C&A, dizendo que é tudo igual às grandes marcas, só sem a etiqueta...

É do contra. Diga uma coisa pra ele, vai ouvir uma exegese do oposto. Fala com seus chefes e os donos das editoras como se estivesse falando com algum colega de aula. Fica horas ouvindo porteiros, recepcionistas, senhorinhas da fila do mercado, mas não tem paciência para papo muito alongado de seus colegas. Nunca nos acompanhou nas comemorações.

O que mais posso contar pra maldizer o Golgo? Só come sorvete de flocos, que ninguém mais gosta. Aí o pote fica só pra ele, sempre.

Talvez o que melhor ilustre o que é defeito no Golgo, e que é, ao mesmo tempo, qualidade, vem de um episódio ilustre envolvendo seu nome. Quando o também controverso ex-premier Miloš Zeman ainda era candidato e não tinha virado presidente, durante uma entrevista, a repórter leu um texto de um comentarista com uma crítica dura ao postulante. Zeman, muito esperto, em vez de responder às acusações do autor citado, replicou "desculpe, mas eu só me importo com o que escreve aquele comentarista brasileiro, o resto é opinião de ignorantes".

Para mim, o Golgo é como o Batman, só que pelo avesso. Enquanto Bruce Wayne é um cidadão exemplar e seu Batman é um contraventor, mesmo que em nome de combater o crime, no caso do Fabiano ele é exemplar no trabalho, mas é na vida pessoal que ele distoa e carrega suas manchas, como sempre declara. É jornalista como uma espécie de expurgo. "Só minto na vida pessoal, na profissional só é permitida a verdade", é sua máxima.

Que os leitores brasileiros, que agora terão acesso a um apanhado de seus milhares de textos publicados, espero que entendam o que eu escrevi aqui, devidamente traduzido para o português. E que possam compartilhar essa admiração e medo que quase todos que trabalhamos com ele temos do Golgo.

Boa leitura. Ou melhor, boa viagem!

INTRODUÇÃO

Nunca eu iria imaginar que algum dia eu viraria uma pessoa influente e conhecida no país que surgiu da antiga Tchecoslováquia. Se eu tivesse planejado, não teria acontecido. Caí de paraquedas na função de editor-chefe de uma das principais revistas do país, em março de 2001, depois de ter me mudado para Praga em fevereiro de 1997.

Antes, eu já tinha uma carreira, mas só sobrevivia graças à generosidade paterna (situação que se repetiria entre empregos, como um soluço na minha vida e uma cicatriz no meu orgulho), pois meus ganhos eram comumente irrisórios, como é comum na mídia, especialmente a impressa.

Comecei como produtor de um programa de televisão em minha cidade, Porto Alegre, depois de ter voltado de uma primeira temporada nos Estados Unidos, entre 1989 e 1991. Flávio Alcaraz Gomes e os Guerrilheiros da Notícia foram minha faculdade. Apesar de ter pulado entre várias universidades, como a Pontifícia Universidade Católica gaúcha, a University of Florida em

Gainesville e a New York University, eu não tinha
paciência para esses cursos defasados e por demais
filosóficos para a realidade do jornalismo real.
Abandonava depois de alguns meses e mais tarde tentava
outra, em vão.

Foi o Alcaraz que me colocou sob suas asas e passou
dois anos me ensinando tudo que ele sabia, se
autodeclarando meu padrinho profissional. "Depois, tu vai
lá e apronta bastante, como eu aprontei", recomendava.

Quando voltei aos EUA, em 1994, dessa vez com
um auxílio financeiro que me permitiu dedicação total ao
estudo do meu ramo, consegui posição de correspondente
internacional no Jornal do Brasil. Para eles, escrevi
inúmeras matérias sobre os americanos e, mais tarde, sobre
os países do antigo bloco comunista, ao me mudar pra
Praga.

Também consegui uma dúzia de entrevistas com
famosos, como Yoko Ono, David Bowie, Bill Gates,
Madonna, Warren Buffet, só para citar alguns. Sempre
improvisando, perseguindo os coitados, me fazendo de
coitadinho sul-americano para que me dessem uma chance.

Durante as Olimpíadas de Atlanta de 1996, consegui
um estágio na CNN e até apresentei algumas vezes a
previsão do tempo. Virei o "Nosso Homem no Mundo" de
uma rádio do Rio Grande do Sul, para onde enviava
boletins ao vivo sobre o que estava acontecendo na terra
do Tio Sam.

Contudo, cansei. Havia algo que me sufocava nos
Estados Unidos e eu vinha tendo uma espécie de fetiche

por Praga, a cidade mais linda da Europa. Conheci alguns tchecos que moravam em Atlanta e resolvi que era hora de me arriscar. Tinha um suporte financeiro paterno mensal que me permitiria pagar as contas por lá, então me atirei.

Cheguei no aeroporto sem plano. Foram quatro anos aprendendo tudo sobre o país, mergulhando em sua língua, história, cultura. Meus dias e noites eram totalmente tomados pelo meu objetivo de saber tudo sobre aquela nação. Um lugar onde eu passei a me sentir mais em casa do que qualquer outro canto do planeta. Onde quero morrer e ser enterrado. Onde acabei virando uma peça importante de sua história contemporânea, tendo ajudado a derrubar políticos corruptos, prender criminosos de colarinho branco, influenciar nas opiniões, abrir espaço para quem não teria se não fosse por meu liberalismo humanista, onde formei e formatei minha verdadeira identidade, depois de anos claudicantes e cheios de erros.

Como santo de casa não faz milagre, agora que minha carreira chegou a uma fase derradeira, não só por causa do tempo de serviço, mas principalmente pela mudaça paradigmática que sofreu a mídia, ainda mais os impressos, me dei conta de que meus conterrâneos pouco sabem dessa trajetória que, sem modéstia, é única. Não há outro brasileiro que tenha dirigido jornal europeu, bem como não há outro gaúcho que tenha dirigido revistas na Europa. E nem vou citar o que descobri ao ser entrevistado por aluna defensora de tese na faculdade de comunicações tcheca, que alega que eu modifiquei a linguagem da mídia impressa de seu país... Isso é ensinado na faculdade de jornalismo tcheca. Só esse fato já me deixa realizado, com a sensação de dever concluído. Não tive grande sucesso financeiro na vida, mas deixei um legado importante.

Lembro quando entrevistei Woody Allen e ele me contou que seus pais só se deram ao trabalho de ir ver um filme dele quando já era o terceiro a ser lançado. Depois da sessão, a mãe dele pediu que o filho reconsiderasse a possibilidade de conseguir um emprego nos Correios, apadrinhado por uma prima dela. E o pai dele, de poucas palavras, apenas perguntou "e eles pagam pra você fazer isso aí?"

Dei-me conta que meus amigos de infância e familiares pouco entendiam do que eu fazia ou significava nesse país longínquo e tão diferente. Que julgavam que eu deveria fazer umas reportagens, afinal, sou jornalista. Na verdade, minha carreira não foi de um repórter cobrindo assuntos variados do dia a dia de forma neutra e empírica. Eu sou comentarista – articulista, como chama a Folha de São Paulo –, com o status parecido ao de Paulo Francis, Arnaldo Jabor ou Sérgio Jockymann, em estilo e fama. Controverso, mas tido como bem embasado. Polêmico, mas celebrado.

E, paralelo a minhas colunas de opinião publicadas por vários meios, fui editor-chefe de revistas e jornais. Ou seja, decidi por cada centímetro desses veículos de notícias, desde a escolha dos assuntos, a coordenação das reportagens, a edição dos textos, a construção meticulosa das manchetes, das fotos, das capas.

São duas atividades paralelas que exerci por mais de duas décadas, com várias quedas e hiatos na função de editor-chefe, que é mais rara por natureza. Dirigia um veículo por uns 2 anos e, depois de sair, ficava uns 2 anos desempregado, mas sempre publicando colunas de opinião. Ininterruptamente desde 1999.

Meu trabalho como editor-chefe é difícil de transportar para as mentes de meus conterrâneos, pois estamos falando de centenas de revistas e milhares de edições de jornal que foram formatados do início ao fim por mim. Algo de que me orgulho muito, pois sempre alcancei êxito de vendas e crítica. Mas parte dos meus textos escritos como colunas de opinião para jornais tchecos podem ser servidos aos brasileiros, assim compartilho um pouco do que esse gaúcho aprontou em terras além-mar.

Meu estilo acabou sendo taxado de exclusivamente meu, então surgiu a ordem do dono da primeira revista que dirigi: "mudem o nome da página 2 para Golgotorial, em vez de Editorial". Isso porque não havia nada similar. Todas as revistas que eles conheciam tinham, como editorial, um texto pequeno, em uma coluna apenas, destacando os assuntos da revista, com uma ou outra frase comentando algum fato da semana.

Ou eram editoriais do tipo "Lição Filosófica", com textos bem politicamente corretos defendendo o óbvio, como a probidade administrativa ou o repúdio ao terrorismo, e por aí vai. Textos institucionais, chatos. Já os meus editoriais ocupavam a página inteira (mais adiante, duas páginas completas), e neles eu analisava os assuntos mais relevantes com ampla ajuda de contextualização histórica e posicionamentos firmes.

A partir daí, quando me publicam, sai sob a alcunha de Golgotorial. Um editorial "a la Golgo".

Este livro traz um punhado desses "Golgotoriais" que escrevi para a mídia tcheca.

Há muito me incomodava que meus conterrâneos não tivessem ideia precisa do que fiz lá fora. Como qualquer pessoa, também gosto de ser reconhecido. Nesta era de Instagram, não sou diferente, tenho ego. Que graça tem escalar o Everest se ninguém souber? Seres humanos são competitivos e vaidosos. Muitos fazem de conta que não, por etiqueta ou incapacidade. Eu marquei gols que, como do Garrincha, não têm registro, só viu quem estava no estádio. Aqui tento trazer um apanhado de jogadas que fiz e podem ser traduzidas. A maioria dos meus textos pertence aos veículos que os publicaram, então aqui me limitei aos que são liberados para reprodução. São textos publicados entre 2001 e 2005.

No total, estimo que tenha publicado por volta de 100 Golgotoriais por ano, entre 1999 e 2021. São mais de 2 mil textos. Aqui aparece apenas uma amostra. A escolha foi baseada exclusivamente na liberação dos direitos de propriedade. São textos que obtiveram permissão para reprodução, sem um critério específico de assunto ou importância. Aqui, seguem uma ordem cronológica.

Não foi fácil escalar essa montanha. A língua tcheca é um labirinto e uma esfinge, e os tchecos não são fáceis de conquistar. São azedos, ascérbicos, tendem a rejeitar novidades e expurgam os que muito divergem. Veem povos do hemisfério Sul com um certo desdém. Tive que provar ser muitas vezes melhor que qualquer local para que me permitissem esse lugar privilegiado ao sol. Por isso a satisfação é muito maior.

Já cinquentão, olho pra trás e vejo que construí um enorme corpo de obras que me deixam sentindo completo. Não fui apenas mais um. Fiz a diferença. Deixei minha marca. Tenho uma biografia, não passei a vida apenas sobrevivendo, comendo, dormindo, batendo ponto. Subi como um foguete e caí como uma vara várias vezes. Mas nunca duvidei que subiria de novo.

Meu foguete nunca perde o gás, apesar das quedas.

1. Editorial publicado na revista Redhot sobre os ataques terroristas aos Estados Unidos

>> *A cobertura do 11 de setembro lançou a revista ao topo de vendagens, superando suas duas concorrentes, em virtude da abordagem crítica aos EUA adotada pela publicação, o que causou muita polêmica e críticas da mídia tradicional.*

ROMA REPLAY

É claro que os Estados Unidos não vão desmoronar da noite para o dia só porque dois prédios, por mais simbólicos que sejam, foram destruídos (além de parte do Pentágono). Os americanos, assim como os romanos, são as pessoas mais sofisticadas, engenhosas e, quando é preciso, disciplinadas do planeta, atualmente – e desde o século 19. Mas, pela primeira vez após o fim da Guerra Fria, serão dominados por uma sensação incômoda de que o futuro não é tão certo e imutável como parecia antes.

Como é estranho que os Estados Unidos, a nação que acredita em um ser supremo, seja tão surpreendida quando é abalada por um punhado de pessoas que consideram o martírio pelo seu próprio ser supremo o maior objetivo da vida.

Agora tentarão triunfar sobre a irracionalidade por meios racionais. É estranho que, no limiar do terceiro milênio, a racionalidade seja entendida como mísseis de cruzeiro Tomahawk, o bombardeiro B1 stealth e o helicóptero de ataque Apache. É difícil dizer se esses meios serão mais eficazes do que a pregação em massa em cruzes e os pogroms contra os cristãos na Roma antiga. Do ponto de vista militar, os Estados Unidos, assim como Roma, desfrutam de uma superioridade técnica esmagadora sobre seus inimigos, mas com uma diferença crucial. Ao contrário dos romanos, os americanos, por terem uma mentalidade diferente, não estão tão dispostos a fazer sacrifícios.

O pesadelo que agora assombra o Ocidente é muito mais insidioso e tem mais cabeças. Cada bomba que atinge as bases fundamentalistas e as populações dos países onde eles operam provavelmente criará apenas mais mártires, mais fanáticos e mais atrocidades terroristas.

Afinal de contas, não é o imenso sucesso do império americano, sua onipresença, que torna os Estados Unidos, como o Império Romano, tão vulneráveis? Os EUA podem realmente esperar estar em todos os lugares ao mesmo tempo?

Será que o governo americano pode realmente apoiar Israel, pacificar o Iraque, apaziguar o Irã, intimidar a Líbia, bombardear o Talibã, colocar ordem nos Bálcãs, impedir que a China ataque Taiwan, construir um escudo antimísseis baseado no espaço para proteger contra mísseis russos perdidos, fortificar as fronteiras de forma tão completa que os horrores da desta semana não se repitam - será que ele pode fazer tudo isso enquanto evita uma recessão e continua a ser o motor da economia mundial?

O presidente Bush disse que, embora os arranha-céus tenham desabado, os Estados Unidos não entrarão em colapso. Entretanto, o colapso do World Trade Center certamente marca o fim de uma era de hegemonia americana e o início de tempos mais sombrios e incertos.

O que não foi mencionado foi a constatação de que os Estados Unidos, e não a Suécia, o Chile, o Canadá ou qualquer outro país, se tornaram um alvo porque a maioria dos habitantes do planeta Terra os considera um império individualista, hipócrita e egoísta.

Um conhecido meu americano gritou comigo quando lhe disse isso, lembrando-me de que "nem mesmo os europeus viveriam em liberdade se os americanos não tivessem derramado sangue nas duas guerras mundiais que iniciaram". E ele continuou falando sobre como o resto do mundo era incivilizado, como a ciência não seria nada sem os americanos, a tecnologia estaria no nível da década de 1950, que o idioma mundial seria, desabafou com bastante desgosto, o francês...

O maior erro de grande parte da população mundial neste momento é que estão procurando "vilões" como nos filmes americanos. Os americanos, no entanto, não se fazem a pergunta fundamental: o que fizemos para que tantas pessoas nos odeiem?

Por exemplo, o fato de que o Kuwait, uma monarquia onde as mulheres quase não têm direitos e onde a democracia nem sequer consta no dicionário, teve de ser "salvo", mas não Ruanda, é um motivo recente. Ou que Cuba deva ser embargada porque Fidel e seu regime maligno devem ser combatidos, mas não a China com seu atropelo ainda pior dos direitos humanos. Ou que Ariel Sharon pode matar como seus antecessores, mas não os palestinos, estes nem pedras podem atirar. Poderíamos continuar, mas podemos dizer de forma sucinta: o Tio Sam só se preocupa com os direitos humanos daqueles com quem ele tem algum ganho comercial.

Sua recusa cínica em ajudar as pessoas que estão morrendo em massa na África por causa da AIDS, simplesmente por causa dos interesses das empresas farmacêuticas, ilustra bem esse ponto. Em nome dos negócios, vale quase tudo. Em cada nota de dólar está escrito "In God We Trust", o que é simbólico e contraditório quando se leva a sério os ensinamentos de seu glorificado Jesus Cristo.

Concentrar-se nos árabes como se eles fossem uma espécie diferente de animal, sedentos pelo sangue americano, é um grande erro. Se o Tio Sam tivesse começado a praticar o

imperialismo com uma face humana, em vez de
expansionismo comercial e militar darwiniano, guiado pelo
princípio de "pessoas, não apenas lucro", talvez os
inimigos dos Estados Unidos não fossem tão numerosos. É
uma pena que tantas vidas inocentes tenham sido
arruinadas por causa disso.

O colapso do Pentágono e do World Trade Center,
assistido nas telas de televisão por pessoas do mundo todo
em 11 de setembro, foi seguido pelo colapso... da
psicologia americana. A sensação de que eram imunes aos
ataques de inimigos porque e eram protegidos pelos
agentes infalíveis da CIA e do FBI, da Marinha e de outras
agências militares, policiais e de inteligência se dissipou.
O senso de distância cuidadosamente construído pelos
americanos entre as atividades no exterior de seus líderes -
políticos, diplomatas, gerentes, generais – e sua segurança
pessoal – cobrou seu preço.

Essa psicologia de imunidade, esse casulo imaginário, têm
sido construídos ao longo dos anos a partir de diferentes
suposições. Uma delas é moral: dada a bondade da
democracia americana, nenhum inimigo com apoio público
pode ficar com raiva dos Estados Unidos por muito tempo.
A outra suposição é técnica: talvez somente um louco
tentaria atacar a "Fortaleza América" equipada com a
tecnologia mais avançada. E a terceira suposição é
cultural: os "melhores e mais brilhantes" tecnocratas dos
Estados Unidos são tão sofisticados que não podem ser
enganados por um camponês de olhos selvagens de um
país do Terceiro Mundo.

No entanto, essa construção mental desmoronou em uma
nuvem de fumaça no momento em que as instituições do

poder militar e financeiro foram atacadas de acordo com o plano diabólico de Osama bin Laden.

A CNN questionou repetidamente os especialistas do Pentágono e do Congresso sobre como tal coisa poderia acontecer "em lugares que pensávamos ser invulneráveis". O que dizer aos americanos que sentem que foram "enganados" e que acreditam que os EUA são o lugar mais seguro do mundo?

Essa psicologia da imunidade foi cuidadosamente reconstruída após a Guerra do Vietnã; uma série de decisões dos líderes americanos que fizeram com que muitos americanos perdessem seus filhos. Ao ver a nação se encolher de horror, o presidente Jimmy Carter achou que sabia como tranquilizá-la de que a segurança e a paz estavam à frente. Ele tentou mudar a política externa americana do intervencionismo agressivo de seus antecessores Kennedy, Johnson e Nixon – e logo mostrou sua incompetência na América Central, no Afeganistão e no Irã.

A visão de reféns americanos mantidos por fundamentalistas muçulmanos em Teerã não o favoreceu. Os americanos já se sentiam fracos e vulneráveis. O que eles queriam era uma sensação de força e invulnerabilidade, uma sensação proporcionada pelos filmes que o país produzia e que o mundo inteiro assistia com eles.

Foi exatamente isso que Ronald Reagan entendeu. E foi exatamente isso que ele apresentou à psique nacional por meio de palavras, imagens e orçamentos. Ele optou pelo maior aumento de armas em tempo de paz da história americana, incluindo os bombardeiros B-1 e acrescentando 16.000 novas ogivas nucleares ao sistema de mísseis. Essa foi a parte da "força". A parte "sem força" foi chamada de Iniciativa de Defesa Estratégica, ou Guerra nas Estrelas.

Se o aumento do barulho das armas diante da União Soviética aumentaria o risco de um ataque nuclear, Reagan ofereceu o escudo espacial, "um meio", como ele disse em um discurso televisionado, "de tornar as armas nucleares do inimigo impotentes e como brinquedos obsoletos". Uma versão proposta queria usar feixes de laser bombeados satélites em órbita. O projeto foi chamado de Excalibur.

Quase tudo o que ocorreu após o discurso de Reagan em 23 de março de 1983 confirmou, em vez de refutar, a mensagem americana de que os Estados Unidos estavam preparados para se inserir nos problemas de outras nações sem introduzir violência em tempo de guerra em seu próprio solo.

Temos, é claro, uma lição de primeira classe da operação Tempestade no Deserto, que se tornou uma vitrine para todas as super armas que existem graças ao financiamento de Reagan.

Poucos dias antes, os Estados Unidos prenderam a respiração na expectativa da contagem de corpos. O público estava dividido exatamente ao meio em seu apoio à operação, mesmo quando os primeiros caças estavam castigando Bagdá. Mas a cada nova imagem das bombas robóticas "inteligentes" fazendo seu trabalho perigoso e a cada sorriso triunfante de um aviador americano falando sobre um ataque bem-sucedido, o apoio do público aumentava. No momento em que a CNN exibiu imagens de corpos iraquianos mortos ao longo da estrada em Yahweh, Kuwait, a impressão foi impregnada na psiqué americana. Os Estados Unidos conseguiram travar uma guerra em grande escala contra o quarto maior exército do mundo e perder apenas um punhado de seus próprios homens.

Este editorial não tem a intenção de questionar os objetivos da operação ou talvez até mesmo de simpatizar com o regime despótico de Saddam. O objetivo é enfatizar a mensagem de imenso descompromisso que a Tempestade no Deserto, de 1991, enviou ao mundo: que os Estados Unidos podiam agir com impunidade, enquanto os americanos podem continuar alegremente com seus prazeres domésticos (na forma de consumismo desenfreado e cultura de autoengrandecimento) de uma economia florescente.

Naturalmente, a guerra deixou um rastro de ódio não apenas entre as vítimas dos bombardeios, mas também entre as dezenas de milhares de pessoas que passaram fome ou morreram de doenças em decorrência de anos de sanções, mas isso não preocupou os americanos porque parecia não ter consequências imediatas e pessoais para eles.

Com o passar dos anos, de vez em quando o presidente Clinton mandava um avião de patrulha disparar um míssil contra um alvo militar iraquiano, o que necessariamente matava civis nas proximidades do alvo, mas não representava nenhum risco para os soldados americanos. Os relatos de tais eventos sumiram rapidamente das páginas da imprensa e desapareceram das telas de televisão.

Quando os arranha-céus do World Trade Center pegaram fogo pela primeira vez em 1993, a psicologia distorcida da imunidade foi reforçada mais uma vez. As torres, que eram tão avançadas tecnologicamente, resistiram. As perdas foram trágicas, mas não valeram as manchetes de "Ataque aos Estados Unidos" em comparação com muitos acidentes de trem. Os criminosos foram capturados e merecidamente punidos, sem excluir seu líder cego. A segurança foi reforçada e a vida continuou.

Agora, os americanos descobriram que não são invulneráveis e que tudo foi por água abaixo em 11 de setembro. Os EUA são como Roma entrando em sua fase final.

---

2. Eleições tchecas

>> *Editorial que chamou a atenção do público e inspirou o resto da mídia tcheca por seu estilo inovador, nunca antes visto nas publicações do país, que havia sido fechado atrás da Cortina de Ferro entre 1948 e 1989, deixando a linguagem de sua imprensa muito engessada e antiquada. Este artigo foi apontado em tese de faculdade como um "turning point" no cenário midiático local.*

Papo de boteco

Fabiano GOLGO

Vasek e Bolek sobre o estado da sociedade tcheca

Vasek: Quem é o culpado? Não sei quem prometeu prosperidade aqui em 89!

Bolek: E o que havia antes era bom? Prender, torturar e quantas vezes assassinar pessoas inocentes só porque elas tinham uma opinião contra o regime? Os comunistas prometeram tudo e, graças a eles, as pessoas perderam toda a moral, e o mais triste é que ainda há comunistas entre nós e se faz de conta que essas atrocidades não aconteceram... é uma pena que, depois de tudo isso, alguém ainda vote neles...

Vasek: Mas o pior é que os governos pós-comunistas não aprenderam com seus erros, eles os repetem e muitas vezes fazem coisas piores. A remoção de pessoas inconvenientes não acontece mais no tribunal, mas por meio de práticas mafiosas. Desculpe-me, mas vejo o ODS, o TOP 09, sem mencionar o VV, como um bando de partidos corruptos ligados ao submundo... Você deveria se livrar de seus preconceitos, você está ossificado e no Partido Comunista você vê o que você quer ver lá e o que não existe mais e, ao contrário, você defende corruptos e mafiosos só porque eles são comunistas.

Jindra: Sempre me emociono com esses debates. Não se trata de direita ou esquerda... É melhor encontrar um bode expiatório comum, grelhá-lo e distraí-lo. *Panis et circenses* se aplicam à maioria das massas manipuladas, que não conseguem enxergar através da maioria dos projetos de

marketing como TOP 09 ou VV, convencer a vovó, a
mamãe, o papai ou o vovô... Somos todos burros e
preguiçosos para participar da vida pública e nos
escondemos atrás das bundas podres dos Klauses,
Schwarzenbergs e Grebeniks. A agora não mais
Tchecoslováquia simplesmente tem talento para isso.

Vasek: Infelizmente, os tchecos se deixaram levar e
canalizaram sua raiva na direção errada. Essas marchas de
ódio não deveriam ser organizadas contra os ciganos, mas
na rua Sněmovní, na Academia Straka. Porque o dinheiro
gasto em benefícios ainda fica na república, ao contrário
dos bilhões desperdiçados, que são decididos pelos
próprios tchecos (Kalousek, Nečas, Drábek), que então
ordenam uma investigação.

Bolek: Sabe o que vai ser pior? Quando este governo
terminar, em meados de 2004, teremos um déficit público
quase equilibrado, e os socialistas entrarão em cena e
voltaremos a cair para 3% do PIB, e todos os quatro anos
serão inúteis...

Vasek: A última eleição foi inútil... Não havia mais
nenhum bando embaraçoso de palhaços corruptos
brigando... Foi um monte de besteiras sobre o combate à
corrupção, o estímulo à economia e outras promessas que
não deram em nada. Lembre-se dos pôsteres pré-eleitorais
comparando o ODS e o ČSSD - é exatamente o oposto!

Bolek: E você leva a sério essas promessas eleitorais? Eu
nunca... Tomo decisões com base em minha opinião
política e em quem está mais próximo dela, não em
promessas. Além disso, veja o quanto o ČSSD prometeu
para a Boêmia do Norte para recuperar e melhorar a

situação... E quantos foram para lá no final? Na época, foram cerca de 100 bilhões.... Além disso, o problema na Boêmia do Norte e na região de Ústí... Você sabe quem governa lá? A CSSD... Durante todo esse tempo, ninguém disse nada e, de repente, eles estão gritando que têm um problema. Estou falando da região onde o ČSSD estava no último mandato e agora.

Drahomíra: Vamos formar um grupo "Fim da previdência social - todo mundo para o trabalho"!

Vratislav: Não que eu goste de comunistas (exceto pelo seriado A Mulher Atrás do Balcão), então pode haver alguma verdade em um deles. Fico imaginando como ficariam todos os que recebem assistência social se tivessem que trabalhar para isso... Porque me ensinaram que nada é de graça...

Drahomíra: Você é muito ingênuo se acha que existe um partido de esquerda ou de direita na República Tcheca: são todos incompetentes e corruptos, não têm ideologia, são apenas um bando de vigaristas.

Vasek: No norte, as pessoas gostariam de ter empregos de verdade e, acredite, os ciganos também gostariam, mas o problema aqui é que não há empregos, ou as pessoas não têm qualificações (no caso dos ciganos, a culpa é realmente dos tchecos, embora eu não queira acreditar nisso) e, o mais importante, que é um problema nacional, quando há empregos, eles são atribuídos com base em conexões, e o tcheco médio simplesmente não contrata um cigano.

Vratislav: O problema teve origem na época do totalitarismo profundo... Eles têm uma mentalidade diferente e nós tentamos (e estamos tentando) impor nosso estilo de vida a eles. Agora eles não têm nem o estilo de vida deles nem o nosso. Eles são criados com a ajuda do Estado. O problema é que o Estado os empurrou automaticamente para escolas especiais e não lhes permitiu a educação que os teria tirado da espiral da pobreza.

Bolek: Bem, não acho que a situação atual no Norte seja culpa do atual governo... O problema não é apenas com os roma, com o governo atual. O problema é com os políticos que estabeleceram que o Estado pague 2/3 do aluguel para os socialmente excluídos... E eles vivem em um quarto em um albergue por 13.000 coroas tchecas... Esse é o negócio... Eu acabaria com esse benefício para eles e daria o dinheiro para os municípios para que eles pudessem ter esses albergues e o aluguel poderia ser menor e o estado e os municípios poderiam ganhar dinheiro... Portanto, o problema não é com este governo, mas com os benefícios sociais, que são muito problemáticos de reduzir porque quase 1/2 da população os recebe.

Vasek: Veja bem, e essa economia me parece ter sido bastante sufocada por todos os cortes exorbitantes enquanto eles distribuíam bônus de centenas de milhares de dólares.

Bolek: O governo está propondo que, após dois meses no seguro-desemprego, os desempregados comecem a trabalhar nas cidades para onde estão indo. O CSSD quer que isso não aconteça de jeito nenhum ou que aconteça depois de cinco meses. Isso me parece populista, mas posso entender porque afetaria cerca de trezentos mil de seus eleitores, o que representa cerca de 12 a 15% das preferências. E eu não os repreenderia pelas recompensas. Pessoas de qualidade também precisam ser recompensadas na esfera pública. Caso contrário, elas fugirão para o setor privado.

Vasek: Mas quando o estado aumenta os impostos sobre todos os tipos de coisas, reduz os salários das pessoas que recebem menos de dez mil, e depois dá a uma pessoa paga pelos impostos com um salário de cinquenta mil dólares uma recompensa de cem mil dólares, sinto muito, mas pelo menos parece muito estúpido...

Bolek. E não comento o fato de que a maioria dos tchecos tem inveja. E o fato de que muitos ciganos já são educados... O problema é que poucas pessoas querem empregá-los. Ou eles estão fazendo trabalhos braçais, ou estão no setor estatal, ou estão em empresas... Poucos são contratados por empresas privadas. Esse é o grande problema... Eu sei, eu ensinei e sei como essas crianças se saíram...

Vasek: É bom dar o dinheiro de outra pessoa, explicar isso para as mães que vivem de salário em salário e dizer a elas que deveriam ter aprendido melhor ou que deveriam ter se esforçado mais...

Bolek: Mas o Estado não é uma empresa de resseguros... Se eu não puder pagar por algo, não poderei tê-lo, ou terei de pagar algo a mais ou sofrerei as consequências. Se eu comprar um carro e não tiver dinheiro suficiente do meu salário para pagar as prestações e mantê-lo funcionando, a culpa é da minha estupidez e terei de aceitar um emprego de meio período ou enfrentarei as consequências... É uma analogia dura, mas é semelhante em relação aos custos.

Vasek: Mas o estado economiza na operação, ao mesmo tempo em que distribui centenas de milhares de dólares em bônus, que até agora são usados principalmente como proteção pelos políticos... Se eu não tiver dinheiro para administrar, não posso dar bônus... Concordo com a comparação, muitas pessoas trabalham duro, têm dois empregos - pagam impostos, mas quando veem como os impostos são tratados, não se surpreenda com o aumento da raiva.

Bolek: O imposto IVA aumentará em 4% e o imposto de renda cairá de cerca de 24% (15% dos salários superbrutos) para 19%... Ainda vejo +1%, e o fato de que as pessoas com menos de 13 mil não pagam imposto de renda é outra coisa. Nem mesmo o Bahrein poderia sustentar o estado de bem-estar social que temos aqui.

Vasek: Estado de bem-estar social? Uma alíquota fixa de imposto, e uma alíquota muito alta, esse governo estrangulará a economia e, em última instância, o contribuinte.

Os tchecos são monólogos ambulantes

Fabiano Golgo

Quando eu dirigia a revista Nový Prostor, notei que muitos moradores de rua tinham um cachorro. Eu me perguntava como é que eles cuidavam dele quando muitas vezes eles mesmos não tinham o que comer. As minhas suspeitas de que usavam os cães para amolecer as pessoas e extorquir-lhes uma esmola não se confirmaram. Depressa percebi que o papel dos cães era completamente diferente. Estavam a substituir alguém que tinha chegado ao fundo da sociedade e que se estava a tornar um alvo de raiva e frustração.

Mais tarde, descobri que os sem-abrigo com cães eram os mais impetuosos e confiantes, os que não seguiam as regras, os que se perdiam durante alguns dias e apareciam ainda alcoolizados. Enquanto os que não tinham cães eram o seu oposto: mais íntimos, mais modestos, não se atreviam a quebrar as regras.

Quando olho para os slogans agressivos, mas na verdade estúpidos, dos cartazes na Sudetenland, vêm-me à cabeça os vendedores da nossa revista com seus cães. Essas massas de pessoas, na verdade frustradas por não terem emprego, não sabem como lidar com a sua situação, que o atual governo continua a ignorar persistentemente. Os ciganos são o alvo mais fácil. São mais sujos do que os próprios tchecos, são desarrumados, são barulhentos. O problema não está no diagnóstico, mas no tratamento.

Os tchecos estão habituados a uma educação diretiva, o que leva a uma coisa apenas: seguir a ordem. Durante os quinze anos que estou aqui, quase todos os dias vi uma jovem mãe a gritar com o seu filho de 2-5 anos para não se sentar no chão, ou por que é que a criança não estava a prestar atenção enquanto comia sorvete, por que é que a sua camisa já está outra vez rasgada, etc. Essas mães não querem um diálogo, o seu objetivo é mais a sua própria conveniência.

Esperar que os ciganos mudem num instante a natureza do seu comportamento, a sua tradição, não é apenas ingênuo, mas absolutamente estúpido. De fato, é o mesmo que a diretiva da UE querer que a República Tcheca encerre essas escolas especiais racistas sem mais nem menos. No típico estilo de sabotagem tcheco, o nome foi mudado para especial, mas a razão para esta exigência da UE permaneceu a mesma, nomeadamente o afastamento de crianças desajustadas e o seu isolamento do que é supostamente normal.

Tchecos, esses historicamente heréticos, que nunca respeitaram as regras impostas por uma nação estrangeira, fosse ela o Vaticano, Berlim, Moscou ou agora Bruxelas, que sempre encontraram uma forma de o fazer à sua maneira e de uma forma "svejkoviana", ou seja, de forma ao outro lado não ter nada a censurar. E isso, para mim, que tenho um problema com a autoridade, é algo que me agrada nos tchecos. Mas os tchecos brancos, para não dizer arianos, estão a tentar impor as suas regras a outra nação. É óbvio que isso não é possível. Tal como um médico não pode culpar um doente por o seu tratamento não ter resultado. Tem de encontrar um tratamento mais adequado que livre o doente do problema. Até agora, os tchecos têm sido fleumáticos como de costume, esperando que o problema se resolva por si próprio, mas esta tática tem sido errada e o problema tem aumentado.

Enquanto não se suprimirem as escolas especiais e não se condicionar o apoio social à frequência correta da escola, cada vez mais ciganos crescerão como... ciganos.

Cada indivíduo humano tem tendência para se comportar como os seus pares, e é a partir daí que devemos proceder se quisermos levar a bom termo a integração. A segregação e o isolamento são totalmente contraproducentes e conduzem exatamente a esses tumultos. Temos de o evitar. Integrar os ciganos na sociedade e não criar guetos.

E, embora possa parecer um clichê, a chave de tudo é a educação.

Portanto, gritar "Ciganos ao trabalho!" quando se sabe que nenhum de vós os empregará, é uma grande hipocrisia.

Há anos que vejo como o jornalista Pavel Koller, que é cigano, mas cresceu com um pai e uma madrasta brancos, também de etnia tcheca, além de avó, primos, etc., e que, apesar de ter sido repórter parlamentar do jornal Metro e de trabalhar nos meios de comunicação há dez anos (mas apenas onde eu trabalhei, pois ninguém mais lhe dá oportunidade), não consegue arranjar casa para alugar porque ninguém acredita que ele não vá fazer uma fogueira na sala. É uma das provas de que os tchecos são, de fato, racistas e não que só têm problemas "com certos comportamentos", como muitas vezes se desculpam.

É claro que dizer que os tchecos são racistas ou que os ianques são estúpidos é uma generalização, mas qualquer generalização resulta da impressão que temos da maioria, ou de uma minoria suficientemente vocal.

Para a minha investigação antropológica, costumava usar 186 pessoas de várias origens regionais e meios sociais, que entrevistava regularmente e visitava algumas pessoalmente, mas graças ao Facebook tenho agora uma amostra muito mais alargada. Pessoas bastante instruídas estavam a publicar na sua "timeline" frases como:

"Queimem... ...e castrem esses ciganos desde pequenos... nada mais adianta... eles reproduzem-se como ratos... nunca trabalharão... a única coisa que sabem fazer é roubar... choramingam que todos lhes fazem mal..."

Ou a minha ex-cunhada, que colocou um vídeo do hino do neonazista partido DSSS na sua página de Facebook e não o retirou, apesar dos protestos do irmão. E, em vez disso, o bloqueou... Estou a falar de pessoas normais, educadas, da classe média... Isso é muito perturbador.

Também foi engraçado como um dos meus amigos "gay" escreveu:

"Minorias étnicas - ou seja, aceitando os princípios da coexistência, da moralidade universal, da participação na criação dos valores da sociedade e da rejeição absoluta do parasitismo injustificado sobre a maioria, então esse racismo é uma atitude humana legítima e natural." Só que, se ele próprio aderisse ao princípio de que as minorias devem abraçar a moralidade universal, deveria deixar imediatamente de beijar outros homens...

Parece-me que a nação está a ser dividida de uma forma semelhante à da crise do TC. Foi a primeira vez que percebi que na República Tcheca - curiosamente - a palavra intelectual é tomada agora como um palavrão. Pelo menos foi o que pareceu na boca dos apoiadores da "Bobovize". Por isso, não me surpreende que Jana Bobošíková tenha decidido dirigir-se a essas pessoas que acham que os que pensam são maus e que os ignorantes ou rasos são a verdadeira nação dos tchecos. Felizmente, ainda hoje há muitos tchecos que, apesar de também se sentirem incomodados com o comportamento dos ciganos, compreendem que a solução não é simplesmente manifestar ódio na rua.

Mas o problema é que a grande maioria das pessoas é míope em relação a eles e não há empatia suficiente, pensando apenas em si e naquilo que as incomoda. Em vez de pensarem na forma de resolver a situação, os tchecos limitam-se a sustentar os ciganos. Fazem como as suas mães durante a sua educação: "sentem-se", "vão para a cama", "porque eu disse"...

Na minha opinião, o que causa este problema é que a maioria dos tchecos são monólogos ambulantes. Sentem que sabem mais do que a outra nação e são incapazes de ouvir e, por conseguinte, de chegar a um compromisso. Por detrás desse tcheco aparentemente humilde está muitas vezes uma pessoa arrogante que pensa que o que já sabe é suficiente, que o que é tcheco é a única coisa certa.

Cartago deve ser destruída

Fabiano Golgo

Como a história nos ensinou, *Roma locuta, causa finita* (Roma decidiu e ponto final na discussão). Esse ditado latino, que atribuía aos governantes romanos o direito e a decisão de pôr fim aos seus problemas de uma vez, ficou famoso após as guerras contra Cartago, três séculos antes de Cristo. Foi o exemplo mais revelador do que pode acontecer quando uma potência mundial decide varrer seu inimigo do mapa. Uma potência como os Estados Unidos tem poder, tamanho e qualidades excepcionais que mal se comparam à Roma antiga.

Até hoje, ninguém conseguiu determinar exatamente onde Cartago estava localizada. E ela era a "União Soviética" dos romanos. Uma potência naval, rica e orgulhosa que emergiu da área da atual Tunísia para competir lado a lado com Roma pelo controle do Mediterrâneo ocidental. Cartago era apoiada por uma máquina de guerra surpreendente com vasta superioridade naval.

Seus exércitos conseguiram conquistar o sul da Península Apenina e partes da Espanha, rica em metais. Liderado pelo lendário Aníbal, com 46.000 homens e 37 elefantes para atuar como tanques de batalha, o exército cartaginês decidiu enfrentar o inimigo em seu território e invadir a Itália pelo norte. Os romanos responderam enviando tropas diretamente para o coração do inimigo, Cartago, forçando Aníbal a retornar à África e tentar fortalecer suas defesas.

Mas já era tarde demais. Enfraquecidos, os cartagineses se renderam e pediram paz em 201 a.C.

Aníbal cometeu suicídio.

O centro do poder em Roma estava inclinado a considerar a guerra encerrada. No entanto, no Senado, por quase duas décadas, o influente senador Catão terminava seus discursos, qualquer que fosse o assunto em discussão, com a mesma frase: "...e também acredito que Cartago deve ser destruída". Catão era uma espécie de apoiador da união democrática da época, que defendia ruidosamente a restauração de costumes antigos (ele deportou o poeta Ovídio por causa dos versos eróticos que escrevera).

Os discursos de Kato acabaram se tornando conhecidos. Em 146 a.C., o Império deu o golpe final: a opulenta Cartago, joia do Golfo de Túnis, que chegou a abrigar mais almas do que as muralhas romanas, simplesmente desapareceu. Foi incendiada, suas cinzas lavradas com sal jogado nos sulcos, para nunca mais renascer. Os sobreviventes foram transformados em escravos.

Depois dessa invasão, o Império se consolidou em uma Pax Romana de 400 anos, na verdade uma paz exacerbada por constantes lutas nas fronteiras. Esses foram os anos em que Roma tentou trazer agitação entre seus conquistados, com um circo de gladiadores e um pouco de pão, com a doação de grãos. Sua diplomacia se especializou em divisões para governar, apoiando a discórdia e as alianças hostis, semelhantes.

O planeta que pode emergir da guerra do novo império tem poucos, mas já visíveis, contornos definidos. Com o colapso dos regimes comunistas, sem o espectro de um inimigo para perturbar, os Estados Unidos lideraram a cruzada pelo chamado "estado mínimo", pregando a liberdade ampla e quase religiosa para os mercados. Ironicamente, agora são os próprios Estados Unidos que estão abrindo as torneiras e despejando dinheiro para reavivar sua economia abalada. Assim começa uma nova fase de intervencionismo estatal e intervencionismo iniciado pela própria mão pesada que os Republicanos estão oferecendo ao se lançarem em ações desse tipo.

As "Nações Unidas" territoriais, que têm sido as unidades básicas da política desde o século XIX, também sofreram um golpe. Contidas em um ambiente globalizado mais favorável a gigantes multinacionais e instituições supranacionais, essas nações já pareciam destinadas a controlar porções cada vez menores de seus interesses. A tendência atual de fronteiras inevitavelmente internacionalizadas, com a urgência da guerra contra o terrorismo, nos dará um novo golpe.

Nunca na história ocidental dois lugares foram tão singularmente mais poderosos do que outros - como Roma e os Estados Unidos. A validade desses dois poderes também tem fundamentos semelhantes, que os historiadores costumam apontar: o conceito de cidadania, de compensação e contrapeso para evitar o absolutismo do executivo, a capacidade de aprender com o inimigo e abraçar rapidamente a novidade, a predisposição para espalhar por todos os cantos de seus domínios uma visão particular do mundo - um modo de vida.

Ambos os impérios sempre tentaram, à sua maneira, organizar os territórios conquistados para garantir seu domínio. Roma estava trazendo a tecnologia de aquedutos e construção de estradas para nações que tinham uma concepção mínima (como os ingleses) do que era isso. Ela estendeu os direitos de cidadania, parcial ou total, às áreas anexadas. Houve até dinastias não romanas que lutaram pelo poder, embora a escravidão, que ainda não era vista como uma afronta ao humanismo, tenha prevalecido.

Mas a América já é um lugar que criou na prática as noções de cidadania e liberdades civis que são reconhecidas hoje.

Se observarmos os dois casos, entenderemos que esses fundamentos da civilização foram produto do pensamento, não da vontade. O conjunto de direitos que hoje entendemos como "naturais" foi construído ao longo de séculos de conscientização pela inteligência humana. E é esse trabalho que está sendo condenado agora que os Estados Unidos estão preparando um pacote antiterror que, para aumentar a segurança de seus cidadãos, pode ameaçar as liberdades conquistadas com o trabalho de muitas gerações.

Julgar a saúde e a força das liberdades civis de fora das fronteiras dos Estados Unidos é quase sempre um ato de presunção. Por fim, os valores que surgiram com o Iluminismo no século 18 só agora receberam contornos definitivos pela Constituição dos EUA.

Os falcões de guerra estão exasperados nessas horas, e cada discurso contrito do Secretário de Justiça, John Ashcroft, pode parecer mais um tijolo na construção de um estado policial. Entretanto, a mira para determinar se há progresso nas liberdades civis, ou pelo menos uma compreensão do suspiro autoritário em resposta a um ataque terrorista, é a separação de poderes - o processo fundamental de afirmação da república.

A Roma republicana, que antecedeu o período dos imperadores, tomou como referência o enfraquecimento do poder executivo. Ela tinha, por exemplo, dois cônsules no poder, um escolhido da aristocracia do Senado e o outro do povo, com mandatos simultâneos de um ano sem direito a reeleição. O primeiro a ser reeleito foi o tio de Júlio César, Cauius Marius, em 107 a.C. Ele gostou tanto que se deu mais seis mandatos.

Mesmo se subtrairmos o tom inflamado ou apressado das primeiras reações, a blitz legal de Ashcroft nos Estados Unidos contém características que ambos os lados opostos têm, o que garante a separação de poderes. Muitas delas devem ser classificadas como violações, e não supressões, das liberdades clássicas. Esse é o caso do escrutínio intensificado nos aeroportos - ninguém nunca pensou muito em submeter os procedimentos brutais de check-in em Israel pelas milícias a tribunais internacionais.

Também é difícil encontrar pontos negativos em opções como o fim dos paraísos fiscais, a circulação de dinheiro desconhecido ou contas secretas no sistema financeiro internacional.

É improvável que o mundo de hoje aceite situações como as que ocorreram na Europa no passado recente, em que as Brigadas Vermelhas que assolavam a Itália se aproveitaram da publicidade e do conhecido endereço em Paris.

No entanto, quando se fala em deportar imigrantes legais sem fortes evidências, estamos nos colocando em um caminho que apela para burocratas executivos com poder irreversível. Durante a Segunda Guerra Mundial, os campos de concentração para descendentes de nipo-americanos (cidadãos de ascendência japonesa) nos Estados Unidos foram aprovados pela Suprema Corte, cujos proeminentes líderes contemporâneos formaram uma plateia entusiasmada quando o presidente Bush discursou no Congresso dos EUA em 20 de setembro.

Hoje, nem mesmo o possível caráter temporário das medidas seria capaz de reduzir uma situação desse tipo, já que a guerra contra o terror pode ter duração de 20 anos.

Outras decisões ainda criarão muita controvérsia, e é arriscado prever quantas mais serão introduzidas na garganta do povo americano. Dispositivos de escuta telefônica, agentes federais espionando informações pessoais e até mesmo coletando amostras de DNA de suspeitos, vigilância na Internet - são cenas complexas de se imaginar nessas paisagens, mesmo considerando a magnitude do dano causado à mente de alguém que sofreu uma invasão em seu território por inimigos desconhecidos.

Benjamin Franklin advertiu: "Aqueles que precisam abandonar a liberdade básica para ganhar um pouco de segurança temporária não merecem nem liberdade nem segurança".

O problema é que os governos imperiais, além da raiva, têm pressa. Os Estados Unidos sabem que não podem repetir o mesmo erro histórico do romano Marcus Crassus, que por superioridade desprezou "o ataque dos fracos demais" (como de certa forma os americanos fizeram no primeiro ataque terrorista ao World Trade Center, em 1993).

Crassus, como provavelmente todos os romanos da época, não conseguiu levar a sério a revolta dos escravos que começou em 73 a.C. perto do Monte Vesúvio. Os escravos eram considerados uma espécie de crianças grandes, almas sem a independência e a força necessárias para se tornarem inimigos eficazes de uma grande potência. Da mesma forma que, no sul dos Estados Unidos, mesmo há poucos anos, os negros ainda eram chamados de meninos - os romanos chamavam seus escravos, inclusive os mais velhos, de "menino" ou "garoto".

Por arrogância, Crassus enviou não mais do que uma centúria para a região de Nápoles para combater os rebeldes. Os 100 homens acabaram sendo mortos pelas espadas de Spartacus, um ex-pastor de ovelhas e soldado nascido na Trácia que havia escapado com alguns companheiros da escola de gladiadores.

Quando, anos mais tarde, Roma finalmente se deu conta da magnitude do problema, deparou-se com um exército de 60.000 escravos fugitivos de várias nacionalidades que atacaram em grandes grupos. Foram necessários os esforços combinados de dez legiões inteiras, algumas delas vindas da Espanha, para lidar com essa força militar. Apenas 6.000 dos rebeldes de Spartacus sobreviveram. Mas apenas por alguns dias: todos eles foram crucificados em uma fila interminável e sombria ao longo da Via Appia.

Os Estados Unidos podem cair no mesmo alçapão.

8. 3. 2002

"Red Golgo", República Tcheca e Estados Unidos

Fabiano Golgo

Em todo o espectro político, durante a década de 1990, os formadores de opinião americanos chegaram a um consenso sem precedentes não apenas sobre a importância do papel das empresas na vida americana, mas também sobre o significado da vida. A grande maioria dos americanos passou a acreditar no mercado livre. De economistas ganhadores do Prêmio Nobel a paleoconservadores e Novos Democratas, os líderes americanos da década de 1990 adotaram a visão de que os mercados são um sistema popular e que é uma forma de organização muito mais democrática do que os governos (democraticamente eleitos).

Desde o momento em que comecei a levantar questões sobre a política externa (hipócrita) dos EUA em comentários editoriais escritos para a revista Redhot e em artigos para o Britské listy, de repente muitas pessoas decidiram que eu era comunista. Comecei a receber e-mails e cartas de ataque, e até mesmo na minha frente as pessoas começaram a dizer que eu era "vermelho"!

Foi uma lição extraordinária: percebi como muitas pessoas aqui na República Tcheca consideram imaturas e simplistas as categorias sobre as quais constroem sua visão da vida. A equação era primitiva: se eu não apoiar George W. Bush, significa que apoio terroristas (veja o famoso ditado comunista tchecoslovaco: "Quem não está conosco está contra nós"). Era tão simplista quanto o slogan populista de Václav Klaus - que também se revelou falso - antes das eleições de 1998: "Ou com o ODS ou à esquerda". No final, ficamos com os dois, já que eles assinaram um acordo entre si e agora governam juntos, mesmo representando opostos ideológicos.

Em toda a Europa, era bastante comum ler e ouvir opiniões que avaliavam os ataques aos Estados Unidos como uma consequência lamentável da atitude do Tio Sam em relação ao conflito israelense-palestino, como uma consequência do fato de que, embora a América do Norte estivesse alardeando que a democracia é igual a Deus, a democracia não era permitida na América Central e do Sul, onde ditaduras militares (apoiadas pela CIA) governavam etc. Há tantos exemplos que achei estranho que os tchecos, supostamente tão bem educados e quase enciclopédicos, não falem nada sobre essas coisas.

No entanto, aprendi com motoristas de táxi e em bares que o tcheco médio tem uma opinião muito diferente, e que ela é muito próxima da minha opinião e da opinião dos franceses ou do jornal The Guardian britânico, enquanto a imprensa tcheca e o governo tcheco tocaram a música de Tony Blair (a diferença é que Blair provavelmente sabe o que é verdade).

Isso me pareceu bastante absurdo, pois a última coisa que imaginei em minha vida foi ser rotulado como antiamericano ou comunista. Afinal, antes de me mudar para Nova York aos dezenove anos, eu estava profundamente convencido de que, ao contrário do meu país, encontraria a civilização lá. E, em parte, eu a encontrei. Só que, muitos anos depois, percebi que em cada canto da vida americana e em todos os relacionamentos americanos há uma espinha dorsal, que se chama negócios. E, como acontece com qualquer coisa monótona, muitas pessoas a consideraram confinante e prejudicial.

Entretanto, os americanos são tão agradáveis, falantes, práticos e solucionadores de problemas que é impossível não gostar deles. Por outro lado, não aplico o mesmo aos governos. Assim como Miloš Zeman não representa os tchecos quando propõe sua solução para o problema palestino, da mesma forma a Casa Branca é uma máquina de interesses coordenada por essa poderosa categoria de pessoas, políticos e carreiristas – para mim, essa não é uma característica do americano médio.

O problema é que os americanos estão tão acostumados com o fato de o governo fazer o que promete que confiam nele mesmo quando começa a espalhar propaganda pesada, como aconteceu desde o 11/9.

É claro que Bush e seus associados não precisaram se esforçar muito para convencer a nação de qualquer coisa que quisessem, porque qualquer nação que se torne alvo de um ataque brutal se unirá como resultado do instinto de sobrevivência. A cegueira temporária da população americana após a tragédia do 11 de setembro foi natural.

Pelo menos por enquanto, os canais de notícias dos EUA já estão começando a levantar questões críticas sobre os direitos humanos e outras questões relacionadas a toda a "guerra ao terror". E os americanos também acordaram para o fato de que os bombardeios não são a melhor solução para o terrorismo, assim como o estado autoritário do Big Brother. Mas eles ainda não perceberam que cada bomba ou ataque verbal adicional do Ocidente é uma nova semente de terrorismo. Sem mencionar a total hipocrisia do conflito israelense.

Os americanos, afinal de contas, têm boas intenções. A maioria das pessoas no poder, onde quer que estejam no mundo, nunca está interessada em nada além de seus próprios interesses...

Sou rotulado como um suposto "comunista" também porque não repito mecanicamente os dogmas da bíblia simplista de uma sociedade motivada pelo mercado. Adoro supermercados, sou um comprador constante e frívolo desde a infância e não consigo imaginar um supergoverno que possa administrar uma sociedade inteira. Entretanto, sou da opinião de que as pessoas são mais importantes do que os lucros. Eu chamo isso de capitalismo com uma face humana.

Como brasileiro, sei muito bem o que o capitalismo darwiniano pode fazer: os fortes sobrevivem e se dão bem, enquanto as outras pessoas permanecem na Idade Média e vivem como subumanos.

E, naturalmente, como as pessoas que estão na base da escala social não têm nada a perder, elas tentam ganhar à força o que os bem-sucedidos têm. Eu cresci em meio a milhões de pessoas deprimidas e infelizes pela miséria em que vivem. É tarde demais para mudar o Brasil, mas a República Tcheca é um país pequeno com uma cultura homogênea, e se houvesse um senso de comunidade aqui em vez da ideia de que "o melhor vencerá" (a pergunta importante também é "melhor em quê"?)...

Alguns podem ter alcançado o sucesso por meio do empreendedorismo honesto, mas o grande número de pessoas que praticam o chamado capitalismo mafioso é assustador!.

Se os poderosos não se empenharem em educar e preparar para a vida os menos bem-sucedidos, então os bem-sucedidos logo estarão lutando contra seus próprios parentes. E o país não agirá como um só em relação ao mundo exterior. Um país como a França é uma das dez economias mais bem-sucedidas do mundo, apesar de – ou precisamente por causa de – ajudar os menos bem-sucedidos.

É claro que a riqueza precisa ser criada primeiro; se você quiser redistribuí-la, não faz sentido importar artificialmente o sistema sueco ou distribuir dinheiro da maneira que o partido social-democrata CSSD populisticamente promete.

A América do Norte foi uma grande lição para mim. Aprendi o que é bom e o que é ruim nas forças de mercado. Portanto, não caio nessa característica comum das sociedades doutrinadas daqui. Não vejo o mundo como preto e branco. Tampouco o vejo como vermelho...

A década de 1990, que eu vivi nos Estados Unidos, foi uma era de muitas vanguardas espetaculares, de culturas jovens e altamente visíveis, de primitivos brancos barulhentos nos programas de entrevistas da TV à tarde, de multiculturalismo enfático, de extrema obsessão com a necessidade de estar em forma; foi uma época de dietas extremas e investimentos extremos.

Mas, ao mesmo tempo, enquanto os americanos estavam fascinados com a infinita multiplicidade da Internet e celebravam sua diversidade étnica, eles eram vítimas de um consenso intelectual que era tão vinculativo como jamais havia sido na década de 1950.

Em todo o espectro político, os formadores de opinião americanos na década de 1990 chegaram a um consenso sem precedentes não apenas sobre o papel dos negócios na vida americana, mas também sobre o significado geral da vida. Cristo, negócios, consumo e a vontade de ser bom — esses são os quatro mandamentos na terra do Tio Sam. E a grande maioria dos americanos se conformou com o credo do mercado livre.

A filiação sindical, depois de muitos anos de ataques aos sindicatos e à desindustrialização, caiu para menos de 10% no setor privado dos Estados Unidos, e o movimento trabalhista pareceu desaparecer completamente. A oposição deixou de funcionar como oposição, mas o mercado agora estava seguro, a escolha supostamente infinita de mercadorias substituiria a falta de escolha nas urnas.

Esse estado de consenso nacional americano tem sido caracterizado por vários nomes. Nos círculos internacionais, esse grande acordo foi chamado de "Consenso de Washington"; outros o simplificaram para "consenso de mercado". Embora "as pessoas já tenham pensado" que havia outras maneiras de organizar os assuntos humanos que não fossem de acordo com os princípios do livre mercado, essa opção quase deixou de existir. Portanto, não é tão difícil entender a unanimidade com que a nação se manifestou após o 11/9.

Essa unanimidade intelectual sobre a natureza e o propósito da economia e de todo o progresso tecnológico e da vida nos últimos anos é chamada de "nova economia". É um consenso quase hermético - uma certeza de que não importa o que aconteça, não importa quem esteja na Casa Branca, o governo intervencionista não voltará para lá - que possibilitou a transferência ascendente de riqueza sem precedentes que vimos nos anos Clinton, possibilitou a enorme prosperidade dos mercados de ouro e tornou o mundo um lugar tão seguro para os bilionários...

Espere – de novo: nenhuma intervenção do governo?

Tudo isso foi em vão depois que George W. Bush decidiu liquidar as reservas financeiras que Bill Clinton havia acumulado em nome dos interesses americanos, após os ataques de 11 de setembro. Parece que o socialismo puro foi introduzido nos Estados Unidos - o governo começou a subsidiar empresas não lucrativas para que elas não fossem à falência. E agora está ocorrendo a mais recente manipulação do mercado de aço - o governo dos EUA impôs altas tarifas sobre as importações dessa commodity.

A premissa central do "populismo de mercado" é a crença de que, além de ser um meio de troca, os mercados também são um meio de criar consentimento. Por meio de seus mecanismos de oferta e demanda, de apuração das demandas do público por meio de pesquisas de marketing, supermercados e internet, os mercados podem expressar a vontade do povo de forma mais articulada e significativa do que meras eleições.

Por sua própria natureza, os mercados proporcionam legitimidade democrática, destroem a pomposidade e a arrogância, buscam e defendem os interesses das pessoas comuns e nos dão o que realmente queremos. Então, quem se importa com a política?

Muitos componentes individuais do consenso populista do mercado fazem parte do histórico cultural e econômico americano há anos. Hollywood e a Madison Avenue sempre insistiram que seu trabalho é simplesmente refletir os desejos do público, e que os filmes e as campanhas são bem-sucedidos ou fracassam com base na proximidade com o gosto do público. Da mesma forma, os porta-vozes da Bolsa de Valores de Nova York têm argumentado há muito tempo que os preços das ações refletem o entusiasmo popular, que a negociação pública de ações é uma característica fundamental da democracia.

E, desde os dias de William Randolph Hearst, os magnatas da imprensa têm se imaginado defensores do homem comum. O Homem de Ferro tcheco, diretor da TV Nova, aprendeu tudo isso bem com o proprietário da estação, o extremista ex-candidato a prefeito de Nova York e herdeiro do reino dos cosméticos de sua mãe, Estée, Ronald Lauder...

Porém, na década de 1990, essas ideias se uniram em uma nova ortodoxia que eclipsou todas as formas alternativas de entender a democracia, a história e o resto do mundo.

Na década de 1990, para onde quer que se olhasse, os empresários dominavam o espaço ideológico antes ocupado pelas pessoas comuns. De repente, os empresários criticaram a arrogância das elites, reclamaram dos privilégios excessivos das classes ricas tradicionais, afirmaram entender tudo e travaram uma guerra implacável e idealista contra o princípio da hierarquia onde quer que o encontrassem. Sua crença básica era simples: o mercado e as pessoas - como princípios fundamentais da vida social - são essencialmente a mesma coisa.

Em 1998, um jornalista cunhou a frase "O mercado somos nós!" ("the Market 'R' Us", em alusão ao nome da famosa loja de brinquedos americana "Toys 'R' Us"). E assim foi possível, na década de 1990, entender a Bolsa de Valores de Nova York, por muito tempo considerada um lugar para os ricos, como o lar das pessoas comuns, e é por isso que foi possível apresentar qualquer tipo de marketing especializado e de grupo (marketing de nicho) como uma expressão de progresso revolucionário - como a libertação dos cidadãos, a libertação do estrato da sociedade ao qual o marketing se destinava.

E como os líderes empresariais teoricamente se misturaram com as pessoas, eles descobriram que o populismo do mercado lhes fornecia armas poderosas contra seus inimigos tradicionais no governo e nos sindicatos.

Como agora se acreditava que os mercados expressavam a vontade do povo, quase todas as críticas às empresas podiam ser descartadas como "elitismo" resultante do desprezo pelo cidadão comum.

De acordo com o populismo de mercado, as elites não são os ricos. Não, os elitistas são as pessoas que estão do outro lado da equação - os intelectuais e keynesianos que acreditam que a sociedade pode ser organizada de outras formas que não a ortodoxa do mercado.

Considerando que tudo o que o mercado faz - não importa o quão irracional, aleatório ou prejudicial possa ser - é a vontade do povo, qualquer projeto que pretenda operar fora da influência do mercado, ou qualquer esforço para gerenciar seus efeitos potencialmente prejudiciais, é necessariamente um esquema perigosamente artificial e inviável, uma arrogância de falsa expertise.

Historicamente, o populismo era naturalmente uma rebelião contra a ordem econômica, uma linguagem política reservada, por definição, para pessoas que não eram ricas nem poderosas. Era um termo associado ao movimento sindical ou trabalhista e a agricultores revoltados. Mas em 1968, no auge do movimento de protesto contra a Guerra do Vietnã, essa característica fundamental da democracia americana mudou sua natureza.

A luta de classes de alguma forma inverteu sua polaridade. Agora era um conflito no qual a "maioria silenciosa" patriótica e trabalhadora (juntamente com seus empregadores) se opunha à nova elite, o "*establishment liberal*" com seus filhos mimados que queimavam a bandeira americana. Essa nova classe dominante, uma mistura díspar de jornalistas liberais, funcionários de universidades, funcionários de fundações liberais, políticos liberais e as estruturas obscuras de poder em Hollywood, tornou-se os "criadores da revolução", a voz do protesto.

Até recentemente, a política americana ainda era vítima de controvérsias culturais herdadas do final da década de 1960. Os populistas de direita estavam constantemente lembrando os "americanos normais" do mundo repugnante que o *"establishment"* havia criado, um mundo onde intelectuais blasfemos violavam os princípios do modo de vida americano a todo momento, um mundo onde havia crimes nas ruas e uma degeneração cultural inimaginável, há uma falta de respeito pelos homens de uniforme, humanistas seculares conspiram para prejudicar e destruir os valores familiares e entregar o Canal do Panamá aos estrangeiros, há juízes que toleram a criminalidade e políticos que são incapazes de enfrentar o comunismo.

A reação contra a revolução liberal trouxe Ronald Reagan e suas limitações ao poder do governo, e a política de racismo e preconceito que Newt Gingrich e Jesse Helms começaram a promover.

Essa guerra de classes funcionou para os republicanos enquanto se limitou a questões culturais, mas quando passou a ser sobre a economia, tudo perdeu a estabilidade.

O populismo de mercado não foi promovido tanto por um partido político, mas pelos próprios empresários, por meio da teoria da administração, da literatura sobre investimentos e da publicidade. E esses esforços atenderam muito melhor às necessidades da comunidade de empresários do que o populismo político violento da insurgência de direita.

O populismo de direita das décadas de 1970 e 1980 inventou que havia uma "conspiração da elite liberal" para fazer "engenharia social" - que era um grupo de especialistas que achava que só eles sabiam o que era certo para os cidadãos: como integrar crianças negras em escolas brancas.

O populismo de mercado mudou toda essa perspectiva. Agora não era mais crime da elite intelectual tentar definir valores éticos para a nação, mas interferir nos assuntos econômicos. Esses malditos elitistas continuaram a ser acusados de achar que entendiam tudo melhor do que as pessoas comuns, mas agora sua arrogância era manifestada por seus esforços para aumentar o salário mínimo, regular, supervisionar, redistribuir e tributar.

Há, entretanto, uma diferença entre o populismo de mercado e a rebelião política anterior da direita contra os liberais de esquerda. Enquanto a rebelião política da direita se orgulhava de seu anti-intelectualismo, o populismo de mercado se tornou moda.

Em meados da década de 1990, o populismo permaneceu no poder como a única ideologia. Os críticos, que na época flertavam com visões de esquerda, os analistas de Wall Street e praticamente todo mundo parecia ter caído no feitiço dos mercados. Os mercados atendiam a todos os tipos de gostos, os mercados podiam envergonhar todos os esnobes, os mercados permitiam que a boa arte triunfasse sobre a arte ruim, os mercados triunfavam sobre as pessoas, os mercados eliminavam a discriminação, todos enriqueciam rapidamente como resultado dos mercados.

Nas mãos certas, o populismo de mercado poderia explicar quase todos os fenômenos sociais. As "economias dos tigres" da Ásia se desintegraram, explicavam os populistas, porque dependiam da experiência das elites em vez da sabedoria infinita do povo. Pelo mesmo motivo, as economias da Europa Ocidental estagnaram, porque os aristocratas arrogantes que todo americano de sangue puro sabe que controlam os países europeus continuaram a se apegar obstinadamente às teorias do estado de bem-estar social.

E o mercado de capitais americano NASDAQ quebrou todos os recordes com seu sucesso, porque o cidadão comum finalmente teve permissão para participar dos investimentos.

Mais importante ainda, o populismo do mercado mostrou-se surpreendentemente hábil em defender qualquer setor com problemas econômicos. Foi possível usar argumentos que silenciaram todos os críticos, desenvolver iniciativas de desregulamentação e cortar impostos. A vontade dos consumidores era o produto coletivo dos cidadãos, expressando tudo.

Quem cria essa cultura, impulsionada pelo consumismo, senão 270 milhões de americanos, perguntou o New York Times.

Na página de comentários editoriais do Wall Street Journal, que entende consistentemente o comportamento dos mercados como uma expressão clara da vontade do povo, testemunhamos o populismo de mercado sendo usado para defender o setor de publicidade, para defender o setor automobilístico, para apoiar as exigências de que o setor de software pudesse começar a importar mais trabalhadores estrangeiros, para elogiar as ações como a verdadeira moeda para os cidadãos e - o que é mais notável - para defender a Microsoft das pessoas que queriam limitar seu monopólio.

Considerando que o tamanho da Microsoft (assim como a riqueza de seu proprietário) era apenas um reflexo do amor das pessoas pela empresa, qualquer tentativa de tomar medidas antitruste contra a Microsoft era inerentemente ilegítima, um estratagema que os políticos elitistas tentavam explorar, como escreveu certa vez o Wall Street Journal, "para promover os interesses de alguns às custas de muitos".

Mesmo depois que o veredito da Microsoft foi anunciado, o Wall Street Journal continuou a argumentar que a empresa de Bill Gates "deveria ter argumentado que tinha um monopólio porque nossos clientes querem que tenhamos um monopólio".

E quando Al Gore começou a se preocupar com o fato de um homem com grande poder atacar as grandes empresas, o Wall Street Journal respondeu de forma realmente direta e franca: "George Bush deveria dizer ao povo americano: sempre que meu oponente ataca as 'grandes corporações', ele ataca você e eu".

Às vezes, o populismo de mercado parece realmente absurdo. "A 'nova economia' elogia os ricos e esquece os demais com um vigor que não se via desde a década de 1920."

De muitas maneiras, o populismo de mercado é a apologia mais evidente da desigualdade econômica desde o darwinismo social.

Mas não há como duvidar da intensidade dos adeptos dessa verdadeira fé. Apenas alguns parágrafos abaixo - depois que o Wall Street Journal identificou "você e eu" com "grandes corporações", esse jornal argumentou que "graças à democracia de mercado" e à ampla propriedade de ações, "os Estados Unidos estão agora mais próximos do ideal de Marx do que qualquer outra sociedade na história".

Bem, desde o 11 de setembro, desde a febre inversionista de Bush, passei a acreditar um pouco nisso...

---

28. 3. 2002

Uma terceira via sem sabor e sem cheiro?

Fabiano Golgo

Sem ter rosto, a Terceira Via se tornou a queridinha da retórica política dos anos 1990. É um tema grato até como alvo de ataque, que é a terceira via na República Tcheca para alguns políticos de direita. Ultimamente, a chamada Terceira Via tem sido ridicularizada por vários desses políticos de direita daqui - eles a chamam de uma mutação do socialismo e de um fracasso comprovado. É uma pena que se saiba muito pouco sobre os motivos pelos quais a política da Terceira Via poderia ser elogiada ou difamada, porque, embora se fale muito sobre a "terceira via", ela não é concreta.

A Terceira Via não tem uma definição clara e é mais ou menos entendida como algo entre o capitalismo sem fronteiras e o intervencionismo governamental. Ela serve bem a uma nova geração que não acredita em dogmas e ideologias, depois que ficou claro no século XX que nenhuma ideologia tinha a solução definitiva para eliminar os males sociais.

Um político que adota a filosofia da Terceira Via é uma pessoa que, de acordo com essa tendência, tenta encontrar um equilíbrio entre a liberdade absoluta que as corporações e os loucos capitalistas ortodoxos desejam e a responsabilidade para com a sociedade.

As ditaduras (comunistas e militares) que tentaram implementar governos intervencionistas no século passado descobriram que suas economias sofreram erosão como resultado. Assim, a maior parte do mundo civilizado chegou à conclusão de que um governo que intervém excessivamente na vida da sociedade está apenas implementando uma fórmula fracassada de engenharia social.

Fukuyama proclamou o fim da história e o triunfo final do capitalismo no estilo americano, mas não observou que o sucesso americano é resultado de algo muito mais significativo do que a simples mão invisível do mercado.

Os Estados Unidos adquiriram sua riqueza sem precedentes por meio de uma combinação de fatores, incluindo o senso americano de comunidade, a ética empresarial puritana, a disciplina protestante, o patriotismo, o complexo de salvador, a capacidade de se movimentar com frequência, a tendência à solidariedade... e também - mas não exclusivamente - como resultado de sua fórmula para o capitalismo liberal.

Mas o chamado neoliberalismo que prevaleceu na América do Sul e em alguns países ex-socialistas após a queda do Muro de Berlim foi uma caricatura do liberalismo original, resultando em resultados muito diferentes.

Como Martin Zvěřina escreveu no Lidové noviny sobre uma pesquisa de opinião que mostrou que os tchecos têm medo do capitalismo, eles estão reagindo ao que só eles conhecem como capitalismo, a versão tcheca que surgiu depois de 1990. Como no caso de outras versões que não evoluíram nos EUA, a ausência de outros ingredientes levou a um alimento diferente.

Sem o cristianismo fundamentalista e a ética puritana que orienta as relações comerciais com base em uma perspectiva de longo prazo que leva em conta o benefício de toda a sociedade, outras nações descobriram que, ao contrário do capitalismo americano, em outras versões do capitalismo, um punhado de pessoas recebe quase tudo e o restante não recebe nada. Veja a América do Sul, a República Tcheca, a Indonésia...

O neoliberalismo exige jogadores justos. Um mercado livre sem supervisão do governo pode levar à exploração dos trabalhadores na ausência de democracia participativa, como ocorre nos Estados Unidos.

Se as pessoas chegarem à conclusão de que um produto de determinada marca é prejudicial aos interesses de um grupo representativo da sociedade americana, é extremamente fácil para os cidadãos americanos organizarem um boicote por iniciativa própria, e seus interesses acabarão prevalecendo.

Mas que outra sociedade tem essa incrível capacidade de se organizar, de se unir para atingir um objetivo comum?

Sob grande pressão, muitas sociedades demonstram essa capacidade. Mas na vida cotidiana, poucos países conseguem fazer isso.

E, sem isso, os resultados são um governo menos representativo e um comportamento empresarial menos restrito.

A Terceira Via tornou-se uma alternativa a esses dilemas, na ausência de regras precisas. Além disso, a ideia de uma terceira via era muito conveniente para os políticos, pois permitia que eles não perdessem eleitores do outro lado do espectro político. Ela promete ser uma alternativa às duas velhas vias. Infelizmente, porém, na realidade, a terceira via parece uma farsa sem rosto.

E fica pior – é apenas uma receita poderosa para ganhar poder – tem a máscara de uma filosofia pública sólida. Mas ela tem um núcleo claro.

Parte desse núcleo é transformar os oponentes, que tinham o hábito de paralisar os outros, em parceiros. Nesse sentido, o "tratado de oposição" dos dois partidos que se opõem entre si na República Tcheca é apenas o resultado da Terceira Via.

Entretanto, após a queda do Muro de Berlim, surgiu um mantra, que muitos continuam repetindo, de que o governo é o problema e que o governo não deve desempenhar nenhum papel em qualquer solução. Argumenta-se que quanto mais pessoas colocarmos à mercê da inconstância do livre mercado, melhor será a nossa situação. Contudo, aparentemente como resultado do sucesso da Terceira Via e do fato de que ela não usa retórica, ninguém mais se atreve a falar dessa forma tão Thatcherista-Reaganesca.

Cortes no serviço público, ou a abolição do ministério da educação, ou ignorar os problemas ambientais, ou a abolição do serviço público de televisão - todos esses já foram objetivos conservadores. Entretanto, eles não são mais discutidos fora da República Tcheca. Pelo contrário, George W. Bush aumentou o orçamento do governo federal e seu papel na educação, e concedeu subsídios governamentais a várias empresas após o 11 de setembro para evitar a falência.

Mas, por outro lado, a ideia da Terceira Via também eliminou não apenas a noção de que o mercado é a fonte de todo o mal, mas também a crença simplista de que, se as pessoas pagarem seus impostos, o Estado fará todo o resto por elas.

O principal argumento da Terceira Via é que tanto o Estado quanto o mercado são parte da solução: que tanto o Estado quanto o mercado têm um papel significativo e legítimo a desempenhar e que devem trabalhar juntos e não estar sempre em conflito um com o outro. Tanto Blair quanto Clinton apoiaram o mercado livre e foram recompensados com o sucesso econômico. Mas eles não eliminaram ou prejudicaram a política social do Estado, que ajudou a promover um crescimento econômico mais forte.

Temos a tendência de pensar na economia como algo que produz bens de consumo, mas quando a economia funciona bem, ela produz muito mais do que apenas bens. Um forte crescimento econômico leva a um forte crescimento na arrecadação de impostos, que pode ser usado para financiar uma variedade de outros serviços, desde um policiamento mais forte e mais eficiente até uma educação melhor. E um crescimento econômico mais forte leva a uma queda no desemprego, o que, por sua vez, leva a uma queda nos gastos com benefícios de desemprego, liberando mais dinheiro para os serviços públicos.

No entanto, na versão sul-americana do capitalismo, esse dinheiro não retornou à sociedade de forma alguma, nem criou um ambiente de emprego melhor, nem ajudou a eliminar a pobreza generalizada; ele apenas levou a um fortalecimento das contas da elite social, contas mantidas na Suíça ou nas Bahamas.

Na versão tcheca do capitalismo, esse dinheiro foi consumido pelos bancos de poupança e seus clientes. Assim, o dinheiro beneficiou as hienas da elite com patrocínio político e a conta foi paga por outros contribuintes.

É por isso que não se deve permitir que os mercados corram soltos com total liberdade. O papel do Estado é manter o mercado em um estado tal que ele possa cumprir sua função adequada, de modo que, por exemplo, haja pagamento justo de impostos, prática jurídica justa, relações humanas entre empregados e funcionários e respeito aos princípios ocidentais. O intervencionismo governamental em ditaduras comunistas ou capitalistas/militaristas fracassou por causa do mesmo mal que aflige o mercado livre em muitos países fora do mundo anglo-saxão: a corrupção. Essas pessoas não se preocupam em ajudar sua sociedade. Elas querem prejudicá-la.

É provável que a Terceira Via também fracasse porque ela tem algo da intransferibilidade da fórmula capitalista americana vencedora para outros países: também precisa da participação direta de cidadãos individuais, membros da sociedade, em sua implementação.

A sociedade é como um tripé - duas de suas pernas (o Estado e o mercado) são muito longas e uma é muito curta. A terceira perna é o que as pessoas fazem umas pelas outras como membros de famílias e vizinhanças, como amigos e colegas de trabalho.

Blair fez dessas noções de conscientização e responsabilidade comunitária (para si e para os outros) a pedra angular de sua primeira campanha eleitoral. Durante seus primeiros anos no cargo, seus ministros promoveram ou expandiram uma série de programas que são claramente baseados na comunidade: policiamento comunitário do crime, associações de proprietários de imóveis e organizações que exercem influência sobre os supermercados locais, por exemplo, recusando-se a comprar produtos que, de alguma forma, não lhes agradam.

Esses são apenas os primeiros passos em direção a uma terceira via. Os Estados Unidos têm centenas de milhares de organizações (que muitas vezes são chamadas, incorretamente, de organizações de ajuda civil. Essas organizações oferecem serviços muito mais voltados para o cidadão individual do que qualquer coisa que o governo possa oferecer. Elas ajudam milhões de pessoas a combater o alcoolismo, a depressão, o câncer de mama, a violência familiar e muito mais. Não são apenas instituições de caridade formais, nas quais membros ricos da sociedade fazem boas ações para cidadãos pobres, fornecem ajuda e agem de forma altruísta, embora esse tipo de trabalho tenha seu lugar e seja importante também.

As organizações de ajuda mútua são muito mais vibrantes e resistentes do que as instituições estatais porque seus membros estão totalmente concentrados no que fazem, e as pessoas se beneficiam disso todos os dias.

É difícil imaginar que os problemas de saúde serão resolvidos a menos que a saúde se torne parte da Terceira Via e que as pessoas comecem a assumir muito mais responsabilidade pessoal (parar de fumar, reduzir o consumo de álcool, economizar para a velhice) por si mesmas e pelos outros.

De modo mais geral, seja em relação à assistência à infância ou à proteção ambiental, as pessoas precisam assumir mais responsabilidade por si mesmas. O maior e mais rápido grupo de pessoas que pode fazer mais são os aposentados. Eles agora estão tendo uma vida mais longa e saudável, e seria muito benéfico para eles, inclusive psicologicamente, se pudessem fazer mais uns pelos outros e por suas comunidades.

Aqueles que argumentam que não há lugar para a igualdade na ideologia da Terceira via estão certos. Nunca houve um país em qualquer parte do mundo em que tenha prevalecido algo que se assemelhasse remotamente à igualdade. Até mesmo as ilhas de socialismo real em Israel, os kibutz, estão apenas se recuperando.

Mas a Terceira Via deve abordar a questão da justiça social se quiser se distinguir da experiência neoliberal do "mundo emergente" (ou seja, os países pós-comunistas e o antigo Terceiro Mundo).

E os políticos tchecos deveriam, pelo menos, encontrar uma versão mais moderna do capitalismo. A versão tcheca atual do capitalismo é desconfortavelmente semelhante à versão do capitalismo que reina atualmente nos países menos alfabetizados.

---

4. 4. 2002

Oriente Médio: as massas involuntárias, seus cúmplices na mídia e a promoção do conflito sem fim

Fabiano Golgo

A desculpa internacionalmente aceita da necessidade de travar uma "guerra total" contra o terrorismo abriu uma caixa de Pandora em Israel (ou talvez a desculpa tenha sido simplesmente explorada por Ariel Sharon). O choque global com a queda do World Trade Center permitiu que as autoridades israelenses fingissem que suas ações militares contra os palestinos são apenas parte da guerra global contra o terrorismo. Que estão apenas liquidando aqueles que matam israelenses sentados em um café com atentados suicidas. Que estão apenas se defendendo de uma população que, de alguma forma, entrou em uma espécie de transe suicida anti-Israel.

Quem não apoiaria o estabelecimento de um Estado judeu depois de todos os absurdos desumanos que os judeus tiveram de vivenciar ao longo dos séculos, dos egípcios, dos romanos, de Maria Teresa, de Hitler? É claro que seu próprio Estado é mais do que legítimo. Mas pouco se fala sobre os meios pelos quais esse direito a um Estado próprio foi transformado em realidade...

Os israelenses são auxiliados pela mídia e pela Casa Branca. Os noticiários de televisão têm que resumir os fatos em segundos e transmitir informações principalmente por meio de imagens em movimento. Os noticiários raramente voltam no tempo e fornecem o contexto adequado para conflitos como o israelense-palestino.

E como as imagens da violência no Oriente Médio existem há muito tempo, muitos presumem que todos conhecem a história completa. (Mas a maioria das pessoas provavelmente nem se importa com o que está acontecendo nesse ambiente árido de fortes emoções religiosas...) Isso leva à rápida conclusão de que os palestinos são apenas fundamentalistas e terroristas e os pobres israelenses são apenas vítimas de sua loucura suicida.

O que as pessoas não pensam é que há mais de 1,7 milhões de refugiados palestinos no Oriente Médio e muitos outros vivendo em todo o mundo - e essas pessoas querem o direito de voltar para casa. Assim como os judeus fizeram após o Holocausto. Durante a guerra árabe-israelense que se seguiu em 1947, após a divisão da Palestina em estados árabes e judeus, uma onda de palestinos fugiu - muitos deles expulsos de suas casas por tropas judaicas.

Após o início do novo governo árabe-israelense em 1967, outra onda de palestinos perdeu suas casas, muitos pela segunda vez. Israel expandiu seu território e 300.000 palestinos deixaram a Cisjordânia e a Faixa de Gaza, a maioria deles se estabelecendo na Jordânia.

Israel é inflexível ao afirmar que os palestinos e seus descendentes não podem retornar. A receita de Israel para resolver esse problema é que todos os refugiados sejam absorvidos pelos países árabes...

Os Estados Unidos ficaram do lado de Israel e pediram à liderança palestina que "renunciasse" ao direito de retorno dos refugiados.

É claro que o mundo árabe está furioso com o fato de que esse êxodo violento e em massa de uma população que viveu na Palestina por séculos está sendo imposto a eles!

Os palestinos não foram culpados por isso, nem foram responsáveis pelo fato de os judeus não terem uma terra própria. Os palestinos chegaram à Palestina centenas de anos depois que os judeus foram expulsos de sua terra prometida. Por que eles deveriam aceitar repentinamente que os antigos habitantes de sua terra natal deveriam ter essa terra de volta?

E o que é pior: esses recém-chegados não só decidiram voltar, como também decidiram se livrar daqueles que agora estavam vivendo na terra... Israel foi criado com base em uma política de tornar a vida miserável para a comunidade palestina, de expulsar os palestinos de suas casas, de destruir sistematicamente suas plantações de oliveiras e assentamentos. Os israelenses foram os iniciadores desse conflito, não suas primeiras vítimas.

Quantas pessoas farão a si mesmas essa pergunta extremamente importante: por que tantos palestinos chegam ao extremo de cometer suicídio detonando uma bomba em um café com judeus? Se tantos palestinos se tornam homens-bomba, é porque há um desespero geral em toda a nação palestina. E sejamos razoáveis, essa anormalidade deve ter suas raízes em algum lugar. E é nesse ponto que a mídia está falhando.

As pessoas comuns, as massas, não têm um contexto para avaliar adequadamente os eventos, e a mídia deve fornecer esse contexto. Poucas pessoas estão intimamente familiarizadas com a história do conflito interminável no Oriente Médio e, portanto, a maioria das pessoas reage apenas com base em informações completamente incompletas.

Diz-se que a história é escrita pelos vencedores. A história em construção também é escrita pelos vencedores. Os israelenses têm sido os claros vencedores desse conflito há muitas décadas. Nos Estados Unidos, o setor de mídia está do lado deles, e Israel é apoiado por um estado inteiro (os EUA), que financia a causa israelense.

Em geral, as pessoas também acham que, após o Holocausto, os judeus têm um direito extraordinário de serem compensados pelos longos séculos de perseguição pelos europeus.

Há mais judeus nos Estados Unidos do que em Israel. Um grande número deles é muito bem-sucedido. Muitos judeus ocupam posições de liderança na mídia e na política. Não se pode dizer que haja uma conspiração complexa em favor da propagação da causa israelense, mas há uma inclinação natural para entender melhor o ponto de vista israelense. E eles próprios - judeus americanos - são apenas um produto de seu próprio ambiente, refletindo o que ouvem de seus amigos e da mídia.

A maioria dos judeus americanos sabe pouco sobre a realidade da vida no Oriente Médio - eles sabem apenas o que os líderes judeus lhes dizem e o que veem nos estereótipos da mídia. Para os judeus americanos, o mapa atual de Israel, com suas fronteiras em expansão e controle militar efetivo de Jerusalém, da Cisjordânia e de Gaza, está repleto de slogans sobre unidade e necessidade de defesa. Para os judeus americanos, Israel está agora ameaçado por um terrorismo implacável que ameaça os judeus em Israel com um novo holocausto. Se houver uma guerra, será uma guerra defensiva do ponto de vista deles.

E aqui está o dilema que os judeus enfrentam atualmente. Por mais de um século, os judeus da Europa e da América se orgulharam de sua tradição ética. Os judeus têm estado na vanguarda de vários movimentos de justiça social, desde a luta pelos direitos humanos até o feminismo, e têm defendido os direitos humanos na arena internacional mais ampla. Para a maioria dos judeus americanos, a identidade judaica é definida por temas de progresso humano e justiça. Se existe um messianismo judaico no mundo contemporâneo, ele pode ser encontrado aqui, na arena dos assuntos humanos, na expansão da sociedade para todos e na busca do bem.

Mesmo após o Holocausto, e talvez por causa dele, esse impulso permaneceu forte. O que é fascinante na comunidade judaica após o Holocausto é justamente o fato de ela ter se recusado a se desencantar com os seres humanos, embora o desespero judaico fosse perfeitamente natural após a experiência da Segunda Guerra Mundial.

E mais. A recusa ao desespero foi adotada por pensadores judeus em todo o mundo e criou uma tradição de pensamento crítico que rivaliza e, sem dúvida, supera as tradições culturais de todas as outras comunidades. Os judeus americanos fazem parte dessa tradição, como fica evidente em seu trabalho em universidades, institutos de pesquisa e como consultores do governo e do setor.

É por isso que as imagens de helicópteros armados disparando contra assentamentos palestinos são tão perturbadoras e tão difíceis de lidar. Que busca por justiça ou que pensamento crítico é capaz de permitir esse reinado de terror? Como pode uma sociedade tão inteligente, tão articulada, de repente entoar slogans piedosos e ignorar a realidade de um poder que pode, especialmente devido às armas nucleares de Israel, não ter limites?

Sempre há a desculpa de que os palestinos são terroristas e que até mandam crianças para explodir judeus via suicídio.

Bem, a verdade não é tão simples assim. Os palestinos se tornaram um povo hipnotizado que está disposto a dar a vida para acabar com a existência do que eles veem como um estado repressivo e ocupante. Um Estado que tem permissão para se comportar de maneira racista, dadas as declarações (inimagináveis no Ocidente moderno de hoje) feitas por políticos e outros na mídia sobre os árabes. Um Estado que os discrimina até mesmo quanto à quantidade de água que lhes é permitida! Um Estado que os controla como se fossem estrangeiros e criminosos.

Se os palestinos de hoje estão absolutamente hipnotizados contra os judeus israelenses, é porque todos eles sentem que têm algo em comum: algo tão imensamente poderoso contra aqueles que consideram opressores que estão dispostos a morrer como resultado. Deve ser um desespero extremamente profundo. É o resultado de muitas décadas de abuso israelense contra eles.

A necessidade de os judeus terem seu próprio Estado e até mesmo acesso a seus próprios locais sagrados é aceitável. Mas a maneira pela qual os judeus adquiriram esse direito foi moralmente negligenciada. Deveria ter havido um acordo com o mundo árabe com relação a determinado território e acesso a locais sagrados, e isso não deveria ter sido conquistado com o poder dos tanques.

E mesmo que os israelenses tivessem conquistado esse direito com a força dos tanques, eles não deveriam ter expulsado famílias de suas casas, matado oponentes e reprimido uma nação inteira. Tudo começou mal. E continuou da mesma forma ruim por décadas.

O que é necessário agora em Israel é que alguém admita isso e tente fazer um acordo real com os palestinos. A chegada de famílias russas com laços distantes com o judaísmo deve ser interrompida. É verdade que as autoridades palestinas querem demais, mas isso se deve ao fato de que é dessa forma que elas podem permanecer no poder. Arafat não tem interesse em tentar resolver o conflito porque, nesse caso, ele seria dispensável. Sharon também não tem interesse em resolver o conflito, devido à interação de sua rivalidade pessoal com Arafat, sua alma militar e suas tendências ortodoxas.

Como habitantes indesejados da Europa que foram segregados, humilhados e assassinados aos milhões nas décadas de 1930 e 1940, os judeus não tiveram outra escolha a não ser estabelecer seu próprio Estado no Oriente Médio.

Entretanto, os palestinos se tornaram vítimas desse silogismo europeu. É um povo indefeso que se tornou refugiado com a criação do Estado de Israel. Um triunfo para os judeus. Um desastre para os palestinos.

Mas a catástrofe do Holocausto já desapareceu há muito tempo. Israel expandiu suas fronteiras, e seu desejo de poder, como o de qualquer outro Estado, há muito substituiu seu direito ético a um lugar ao sol.

Enquanto isso, a catástrofe palestina se aprofundou, com a perda de território e o crescente número de refugiados. Israel oferece a paz como base para a segurança e a justiça, mas os detalhes não são muito atraentes. O mapa do acordo final com os palestinos oferecido por Ariel Sharon lembra muito os guetos europeus segregados nos quais os judeus viveram durante a maior parte da história europeia e cuja reabertura no século XX levou ao desastre.

Ao mesmo tempo, assim como a guerra no Afeganistão teve o efeito colateral positivo de desmantelar o regime sangrento e diabólico do Talibã e possivelmente eliminar o autodenominado vingador árabe Bin Laden, não é inconcebível que os ataques israelenses possam levar à queda do governo corrupto e brutalmente repressivo de Yasser Arafat.

Não há dúvida de que Arafat é um criminoso no poder, um homem cuja administração de seu próprio país significa que ele força a nação a falar em uníssono, está sempre disposto a reprimir duramente todos os dissidentes e controla rigidamente todos os meios de comunicação (que estão em dívida com ele, assim como a televisão de Moscou estava em dívida com a liderança soviética no século passado).

Arafat está, sem dúvida, lucrando com o conflito atual. Os planos para novas eleições e a promessa de adotar uma constituição que limitaria os poderes executivos de Arafat foram engavetados pela crise contínua nas áreas autônomas palestinas. Arafat precisa da atmosfera de crise para continuar a exigir a lealdade total e cega de toda a população.

Os palestinos precisam de uma mudança de governo. Eles provavelmente precisam de Hanan Ashrawi, uma mulher que ousou criticar publicamente a corrupção do governo de

Arafat e sua prática de assassinar oponentes, e cujo rosto tem sido visto nas telas de televisão do mundo todo como representante da causa palestina há dez anos. Ela oferece uma perspectiva nova e mais moderna.

Cerca de quarenta por cento do orçamento anual da Autoridade Palestina, de aproximadamente US$ 800 milhões, proveniente principalmente de doações estrangeiras, é "perdido" para a corrupção e o favoritismo.

Arafat governa com a ajuda de uma infinidade de organizações de segurança e inteligência, que têm um total de cerca de 40.000 funcionários.

Essas organizações incluem a poderosa Agência de Inteligência de Segurança Preventiva, a inteligência militar, a segurança do Estado (que realiza operações de segurança de rotina), a segurança especial (que monitora grupos de oposição) e a guarda presidencial de elite "Force-17".

Há também a Inteligência Geral (que combate a subversão interna), a polícia militar, civil e naval - esta última também tem filiais em Gaza e na Cisjordânia (sem litoral).

Antes da atual revolta palestina, muitos dos críticos de Arafat argumentavam que a Autoridade Palestina - com suas organizações de segurança e inteligência altamente desenvolvidas e instituições civis subdesenvolvidas - nada mais era do que uma ferramenta para oprimir a população palestina sob ocupação israelense.

Essa impressão foi confirmada pela aparente impotência do judiciário e do legislativo palestinos. Isso levou um grupo de vinte professores universitários palestinos e membros do Conselho Legislativo a publicar uma carta condenando seu líder político por "abrir a porta para a corrupção generalizada e a exploração do público palestino".

A maioria dos signatários dessa carta foi presa sem julgamento!

O que temos no conflito israelense-palestino é uma situação em que a mesma velha história está sendo repetida várias vezes, de modo que não prestamos mais atenção a ela. Nem mesmo nos importamos mais. A maioria de nós está entediada de ouvir a conversa diária sobre esperança no conflito do Oriente Médio, sobre conversas de paz, sobre homens-bomba, sobre bombas sendo detonadas em retaliação e assim por diante.

Os americanos, a principal razão pela qual se permite a existência de Israel, sentem-se alienados do mundo árabe; o mundo judeu faz parte de sua própria cultura. Eles veem as bombas horríveis que matam civis inocentes, acrescentam suas próprias experiências com os árabes e, é claro, se solidarizam com os israelenses.

A mídia europeia, com exceção da República Tcheca e, é claro, da maior parte da mídia alemã, relata os horrores no Oriente Médio de ambos os lados. A mídia europeia é praticamente a única mídia do mundo que relata as injustiças e os crimes cometidos contra os palestinos.

Provavelmente levará muito tempo até que nos livremos dessas manchetes diárias quase obrigatórias sobre as últimas mortes na Terra Santa.

26. 4. 2002

A homossexual Igreja Católica - quando sua hipocrisia vai acabar?

Fabiano Golgo

A Igreja Católica Romana insiste que todo homem chamado ao sacerdócio receba também o "dom" ou "carisma" do celibato, a abstinência sexual. Essa disciplina obrigatória entre os requisitos da Igreja para entrar no sacerdócio é ultrapassada, injusta e doentia. Nos piores casos, ela leva a escândalos de pedofilia ou, no mínimo, de relações, predominantemente homossexuais, por debaixo das batinas.

No entanto, o problema da Igreja não é a pedofilia, mas a homossexualidade, porque na maioria dos casos não se trata de crianças, mas de jovens adolescentes que são abusados por sacerdotes. Ou sexo entre eles, mesmo.

Um padre americano foi acusado de molestar uma criança pré-púbere, um caso que foi manchete em todo o mundo. No entanto, na verdade, a maioria dos casos é de abusos de homens jovens: envolvem adolescentes.

É claro que todo abuso sexual é horrível e errado - moral e legalmente. Mas esse problema atual não se refere apenas à pedofilia, mas também ao celibato e à homossexualidade de grande parcela dos padres.

As pessoas que observam o celibato, já que reprimem artificialmente sua sexualidade, são sérias candidatas à prática sexual patológica.

Toda a atual obsessão da mídia em todo o mundo com a "pedofilia" na Igreja Católica pode ser nova, mas, é claro, não é nada nova na própria Igreja. Não conheço muitas pessoas que ficam exatamente surpresas ao saber que a homossexualidade é desenfreada entre os padres.

Por definição, pedófilos são pessoas que se sentem sexualmente atraídas por meninos ou meninas que ainda não atingiram a puberdade. No entanto, um problema mais comum no clero católico é a chamada "efebofilia" (o termo grego "ephebos" significa "juventude masculina"), ou seja, o interesse sexual por adolescentes, jovens após a puberdade. (O estudante do seminário católico na República Tcheca que acusou um padre local de assédio sexual era um jovem maior de 18 anos. A propósito, ele perdeu a briga com o padre e foi expulso do seminário).

O silêncio da Igreja Católica tem uma razão lógica óbvia. De que outra forma uma instituição que se opõe veementemente a todas as formas de relações sexuais que não resultem imediatamente na procriação de filhos, e que também se opõe veementemente à homossexualidade, poderia ser mais desacreditada? Mas não há dúvida de que muitos homens em todo o mundo que cresceram em famílias e sociedades que consideravam a homossexualidade como um pecado ou uma doença acabaram se tornando padres?

Conheço pessoalmente dois padres homossexuais na República Tcheca, um de Nova York e outro de Olomouc. Tive longas conversas com eles sobre por que decidiram se tornar padres e fiquei sabendo do preconceito contra a homossexualidade com o qual cresceram em seu ambiente - ironicamente, esse preconceito antigay foi disseminado principalmente pela Igreja Católica. Ambos escolheram originalmente a vocação sacerdotal como uma forma de esconder seus desejos sexuais, de reprimi-los. Eles estavam convencidos de que Deus os havia escolhido para um teste no qual passariam com louvor somente se tivessem uma fé profunda e fossem celibatários.

Esses dois padres não cometem crimes, mas enganam seus seguidores - os fiéis e sua própria fé. Eles são, portanto, corruptos.

Eles deveriam abandonar a vocação sacerdotal e continuar levando uma vida normal. Muitos padres o fazem, mas a maioria não. Nos últimos vinte anos, cerca de 20.000 homens deixaram a vocação sacerdotal e se casaram.

Em uma pesquisa com um grupo de alunos de um seminário da Universidade da Flórida (realizada de forma anônima), 60% dos alunos do seminário se identificaram como homossexuais, 20% disseram que "se sentiam confusos quanto à sua sexualidade" e apenas 20% afirmaram ser heterossexuais.

De acordo com referências precisas, a Igreja Católica pagou entre US$ 600 milhões e US$ 1,3 bilhão em indenizações às vítimas de abuso sexual por padres desde 1984. As informações são da revista Advocate. A Igreja está perdendo dinheiro e a confiança dos fiéis rapidamente. A maioria dos padres, muitos dos quais presumivelmente servem honestamente e com base em uma fé profunda, está desmoralizada.

Encontrei vários exemplos. Em 1997, em Dallas, um júri decidiu multar a diocese local em US$ 120 milhões por um caso de assédio sexual. Os dignitários da Igreja alegaram que isso levaria a diocese de Dallas à falência, então convenceram os promotores a reduzir a multa para US$ 31 milhões. Se as vítimas não tivessem concordado, 400.000 católicos de Dallas teriam perdido mais de 60 de suas escolas, hospitais e cerca de 200 paróquias. Não haveria mais católicos no Texas.

Em 1999, a Diocese de Santa Rosa, na Califórnia, que já havia sido forçada a pagar US$ 5,4 milhões em indenizações por abuso sexual desde o início da década de 1990, foi esmagada quando foi revelado, por meio de testes de DNA e imagens de vídeo, que o Bispo Patrick Ziemann havia tido relações sexuais com um de seus padres! Supostamente, foi um caso que Ziemann forçou o padre a ter por meio de chantagem. Descobriu-se que Ziemann, que então renunciou, havia fraudado a Igreja Católica e sua diocese em milhões de dólares em transações de investimento questionáveis - fraude. No entanto, ele nunca foi levado a julgamento porque as autoridades da igreja se recusaram a cooperar com as autoridades seculares.

John Bollard, ex-membro do seminário jesuíta em São Francisco, processou os jesuítas por assédio sexual. Ele afirmou que seus superiores na ordem dos jesuítas exigiam constantemente que ele praticasse sexo homossexual. Os jesuítas tentaram argumentar no tribunal que tinham imunidade do judiciário secular "por motivos religiosos"; quando seu argumento não foi bem-sucedido, eles fizeram um acordo financeiro extrajudicial com o autor da ação.

Imagine se houvesse uma escola ou clínica cuja equipe incluísse um certo número de homens que molestassem as crianças ou adolescentes sob sua responsabilidade. E assim que seus superiores percebessem, esses homens seriam transferidos para outra escola ou clínica sem que os pais, colegas ou o sistema judiciário fossem informados de sua atividade criminosa. E imagine se essa prática tivesse continuado por trinta anos como resultado de acordos extrajudiciais, decisões de juízes e políticos simpáticos, advogados venais, supressão de informações e ataques à mídia. Você não acha que quando esse escândalo viesse à tona, os homens que criaram e mantiveram esse sistema vivo teriam que ser responsabilizados? E que eles deveriam perder seus cargos?

Mas quando você coloca o Senhor em cena, tudo muda de repente. Afinal de contas, esses homens são "homens de Deus"...

Como resultado de ser a igreja do Senhor, a Igreja Católica administra o setor de saúde - ela controla 10% dos hospitais privados nos Estados Unidos e 35% no Brasil. Esse sistema de saúde se recusa a oferecer a medicina moderna às mulheres. Não só não oferece abortos, mas também não oferece contracepção, recusa-se a oferecer contracepção de emergência para vítimas de estupro, recusa a esterilização, recusa a inseminação em proveta.

A Igreja Católica faz agitação contra o uso de preservativos, que são uma arma eficaz contra a disseminação da AIDS, mesmo na África. É uma posição insana semelhante à do presidente sul-africano Thabo Mbeki contra os medicamentos antirretrovirais para a AIDS (Mbeki acha que a doença da AIDS não é causada pelo HIV!). Mas poucos no Ocidente protestam contra essa política da Igreja Católica na África. Muitas pessoas no Ocidente provavelmente acham que é melhor que metade da África morra de qualquer maneira.

A Igreja Católica tem o poder de fazer lobby na Irlanda para proibir que mulheres façam abortos e, no México, para intimidar uma vítima de estupro de 14 anos a dar à luz uma criança indesejada; a Igreja Católica pratica total discriminação de gênero, não permitindo que as mulheres se tornem sacerdotes e, portanto, o sexo feminino é excluído da vida política da Igreja - e, ainda assim, a Igreja Católica exige que as pessoas a levem a sério quando fala sobre direitos humanos ou ética - tanto quanto quando uma escola paroquial na Filadélfia informou recentemente que daria notas melhores para os alunos que participarem de manifestações contra o aborto!

Nada disso seria aprovado em qualquer instituição secular, assim como não seria aprovado por nenhum psicoterapeuta ou assistente social secular.

Os padres homossexuais começam como vítimas de seu próprio ambiente (não é de se admirar que o Vaticano esteja com sérios problemas atualmente, pois poucas pessoas querem se tornar padres - o número de inscrições para o sacerdócio caiu colossais 78% desde 1966, pois agora vivemos em um mundo muito menos religioso e o preconceito contra os homossexuais se dissolveu em muitas sociedades urbanas).

Entretanto, os padres não são mais vítimas quando manipulam jovens crentes para levá-los para suas camas. E o fato de a Igreja Católica ter levado tanto tempo para tomar medidas contra isso - e está tomando medidas não por convicção, mas apenas porque a mídia está fazendo disso um escândalo - só faz com que a Igreja perca mais fiéis...

29. 4. 2002

Oriente Médio: a luta contra o terrorismo não pode ser um direito de matar civis livremente

Fabiano Golgo

As leis relativas à proteção de civis na guerra são claras. As pessoas que não respeitam essas leis devem ir para o banco dos réus. Os julgamentos dos acusados de crimes de guerra estão ocorrendo agora em Haia. O objetivo desses julgamentos é descobrir quais réus violaram as leis de guerra relativas aos civis. A evidência factual não pode ser negada.

Israel usou escavadeiras para destruir blocos inteiros de casas. Usou armas hipermodernas para destruir a vida de palestinos. Disparou armas antiaéreas Vulcan indiscriminadamente. Usou helicópteros Cobra para disparar mísseis antitanque contra as casas de civis. Algumas dessas armas foram fabricadas nos Estados Unidos e vendidas a Israel com a condição de que fossem usadas apenas para fins defensivos. Israel fez todos os esforços para proteger os civis em suas ações militares? Precisamos de respostas.

Por que Israel não permitiu que organizações humanitárias entrassem no Campo de Jenin para cuidar dos feridos e doentes? Alimentos, água e assistência médica foram negados aos residentes do campo por uma semana inteira. A equipe da ONU, as organizações humanitárias e os jornalistas não tiveram permissão para se aproximar do local por cerca de duas semanas. Os doentes e feridos foram deixados sem ajuda. Por quê? Todos os residentes do Campo de Jenin eram terroristas?

E antes da intervenção da Suprema Corte israelense, o exército planejava enterrar os mortos árabes sem a presença de palestinos ou organizações humanitárias.

O primeiro-ministro israelense Ariel Sharon já é culpado por outro massacre em um campo de refugiados palestinos, portanto não é de se admirar que o mundo (e desta vez incluindo grande parte da mídia americana) esteja levantando questões sobre essa operação. Em 1983, um tribunal israelense determinou que Sharon tinha "responsabilidade indireta" pelos massacres em dois campos palestinos durante a invasão israelense no Líbano.

Como resultado, Sharon foi forçado a renunciar ao cargo de ministro da Defesa na época.

Também queremos a verdade desta vez.

Depois que as tropas israelenses partiram, a cena trágica da cidade de Jenin, com cadáveres nas ruas, chocou o mundo inteiro. Terje Roed-Larsen, embaixador da ONU no Oriente Médio, declarou que o desastre em Jenin foi uma tragédia chocante, com pessoas retirando cadáveres mutilados, inclusive de mulheres e crianças, dos escombros com as próprias mãos. (A única defesa de Israel foi que a ONU teria sido tendenciosa contra Israel. Então, isso significa que Roed-Larsen inventou os cadáveres?)

Tais atrocidades são inaceitáveis. Até mesmo o vice-secretário de Estado dos EUA, William Burns, que presenciou a cena trágica no campo de refugiados de Jenin, admitiu que o ataque do exército israelense trouxe desastre a muitos milhares de cidadãos palestinos.

Não devemos nos esquecer de que a ONU adotou as Convenções de Genebra após a Segunda Guerra Mundial e decretou que os Estados devem proteger o direito à vida dos refugiados em tempos de guerra.

Os desastres que ocorreram recentemente em Jenin e nas áreas controladas pelos palestinos fizeram com que duas questões fossem levantadas mais uma vez perante a comunidade internacional e que precisam ser respondidas: por que há um padrão duplo constante aplicado ao Corpo de Paz e à luta contra o terrorismo? Por que é tão difícil garantir que uma nação fraca como a dos palestinos receba proteção internacional?

Há leis que devem ser obedecidas mesmo em tempos de guerra, embora a comunidade internacional tenha levado muito tempo para chegar a um acordo sobre como as violações dessas leis devem ser processadas - veja o estabelecimento planejado de um tribunal penal internacional - e ainda há exceções, já que os Estados Unidos recusam esse tribunal penal internacional.

Israel diz que está observando escrupulosamente a lei de guerras.

Uma coisa é certa: o conflito entre israelenses e palestinos não é uma guerra. Ambos os lados estão armados (embora de forma desigual) e ambos têm comandos militares bem organizados. Os líderes de organizações como a Jihad Islâmica ou o Hamas deixaram claro que não estão interessados em nada além da destruição de Israel. Mas guerra em que um lado tem tanques e o outro somente bombas e pedras é, na verdade, um massacre de um Golias contra um Davi sem estilingue.

Muitos dos 100 homens-bomba suicidas durante os 18 meses da nova Intifada palestina vieram do campo de Jenin e, de acordo com a Brigada dos Mártires de Al Aqsa, muitos outros entusiastas estão prontos para tomar o lugar deles.

O assassinato deliberado de civis por meio da explosão de restaurantes e ônibus é um crime que o Hamas comete e deve ser punido por isso. Israel tem o direito de se defender. Entretanto, o fato de atos ilegais de guerra terem sido cometidos contra Israel não dá a Israel o direito de cometer crimes de guerra em sua defesa.

Os palestinos alegam que homens, mulheres e crianças não receberam aviso suficiente para deixar suas casas antes que os tanques israelenses começassem a demoli-las. Os palestinos afirmam que 500 pessoas foram mortas e que há valas comuns. Israel nega essas alegações e diz que não está escondendo nada. Entretanto, negar ajuda médica, comida e água aos feridos é uma violação da lei da guerra.

A situação das pessoas em Jenin e em outras partes dos territórios ocupados é uma terrível tragédia humana. Israel deve ser responsabilizado pelo que fez. Esperemos que uma comissão objetiva e independente descubra exatamente o que aconteceu.

Também está mais claro do que nunca que esse conflito não terá fim a menos que a comunidade internacional e, em especial, os Estados Unidos, que é o único país sem cuja ajuda Israel não pode prescindir, se envolva.

Nos meses de carnificina e derramamento de sangue que ocorreram desde que os tanques israelenses entraram nas cidades e nos campos de refugiados da Cisjordânia, Jenin se tornou um exemplo de como é difícil encontrar a verdade no Oriente Médio.

O governo israelense agora está se defendendo das acusações palestinas de que as tropas israelenses cometeram crimes de guerra em um bairro do campo de refugiados na cidade de Jenin, que agora foi destruído. Israel está irritado com o fato de que grande parte do mundo ouve com simpatia essas acusações palestinas, apesar do fato de que ambos os lados desse conflito são conhecidos por espalhar propaganda perigosa e emocional.

Os israelenses negam que tenha ocorrido qualquer massacre. Eles afirmam que várias dezenas, talvez até 70, de atiradores palestinos e supostos homens-bomba foram mortos como parte dos esforços de Israel para desmantelar a infraestrutura terrorista que, segundo eles, estava operando no campo de refugiados. Eles também destacam que 23 israelenses foram mortos nos combates, incluindo 13 soldados que ficaram presos no bairro de Hawamish. Em seguida, escavadeiras blindadas destruíram completamente o bairro de Hawamish, uma operação que os israelenses afirmam ter ocorrido somente depois que os palestinos tentaram explodir o bairro com explosivos plantados.

No entanto, dado o tom dos relatórios que saem de Jenin, o governo israelense fez pouco para provar que os palestinos exageraram o número de pessoas mortas por motivos de propaganda. O fato de o governo israelense ter se recusado a permitir que trabalhadores humanitários e jornalistas entrassem rapidamente em Jenin não ajudou o argumento.

Depois que os jornalistas finalmente foram autorizados a entrar no campo de Jenin, muitos expressaram ceticismo em relação às alegações de que centenas de cadáveres estavam enterrados sob os escombros. Entretanto, eles também estão convencidos de que o que aconteceu em Jenin não foi um ato de guerra comum.

O incidente inteiro chocou a maior parte do mundo. Ele reforçou as suspeitas internacionais de que o primeiro-ministro Ariel Sharon não está perseguindo o que deveria ser seu objetivo principal, ou seja, um rápido retorno à paz. O incidente fez com que Israel perdesse sua reputação nos círculos diplomáticos da Europa e dos Estados Unidos. No entanto, é importante ter em mente o que os israelenses estão realmente fazendo na Cisjordânia e por quê.

O exército israelense vê a ocupação como necessária para desmantelar a "infraestrutura do terrorismo". Com isso, Israel quer dizer as hierarquias de comando e as redes de suprimentos necessárias para o sucesso das ações terroristas. O próprio homem-bomba faz apenas uma coisa: ele detona a bomba. Selecionar o alvo, adquirir os explosivos, fabricar a bomba... tudo isso requer uma infraestrutura de comando e suprimentos. E é essa infraestrutura que Israel supostamente está tentando destruir.

O retrato dos atentados suicidas como "atos de desespero" dá a impressão de que são crimes aleatórios e irracionais motivados pelo desespero individual. Na realidade, são crimes cuidadosamente planejados e apoiados por uma rede logística, pois pessoas normais não sabem como construir uma bomba.

Arafat tem se recusado repetidamente a aceitar qualquer oferta, até mesmo a de um Estado palestino, que exigiria o fim da violência na região. O comportamento de Arafat em Camp David mostrou que esse líder palestino não consegue (ou não quer) acabar com o conflito porque perderia sua influência se seu povo deixasse de ser vítima. Ao acabar com a opressão dos palestinos, Arafat perderia sua relevância.

Sharon, por sua vez, prejudicou tanto a reputação internacional de Israel que talvez ela nunca mais volte ao normal. Nunca antes a opinião pública mundial esteve tão unida na condenação de Israel. Talvez somente quando Sharon organizou eventos semelhantes no passado.

Os comentários sobre esse conflito devem se concentrar tanto no que Arafat não fez quanto no que Israel deveria fazer na Cisjordânia.

---

9. 5. 2002

Estatismo versus globalização: os anarquistas podem ser a esperança da humanidade?

Fabiano Golgo

No Primeiro de Maio, fui assistir a uma reunião de "anarquistas". Nos anos anteriores, eu havia assistido ao meu espetáculo cômico favorito nesse dia - a reunião dos aposentados na Letná - mas a cada ano percebo que o número de simpatizantes comunistas ainda vivos está diminuindo, então fui em busca de entretenimento em outro lugar...

À medida que a diferença entre países ricos e pobres aumenta inevitavelmente como resultado do processo de "globalização" de inspiração americana, um movimento popular está crescendo contra ele. Desde as primeiras manifestações em Seattle em 1999, passando pelos protestos em Washington, Melbourne, Prússia, Seul, Nice, Barcelona, Cidade de Quebec, Gotemburgo e Gênova, ele cresceu substancialmente.

Porque gosto das oportunidades que surgem como resultado da globalização atual (como comprar produtos de outros países) e acho muito mais prático fazer compras em um shopping ou hipermercado do que correr pela cidade para várias lojas. Os protestos contra essas opções me incomodam.

Entretanto, entendo perfeitamente a crítica ao movimento antiglobalização, que visa à exploração dos países mais pobres pelos países mais poderosos. Concordo com essa crítica. Também tenho um problema com a atitude amoral do dogma do mercado livre. Sou contra a produção de produtos baratos por crianças.

No entanto, lutar de forma utópica para interromper o processo (na minha opinião natural) de globalização e voltar ao passado, por exemplo, a um mundo sem carros, não é apenas ingênuo, é utópico. O que precisamos é de carros que não poluam o meio ambiente, não de um retorno às carruagens puxadas por cavalos.

Os movimentos de protesto de hoje precisam adotar uma abordagem mais realista e mais bem organizada. E eles devem aprender muito com a história.

Na esteira da Revolução Industrial e do surgimento da produção mecanizada, uma nova e poderosa ideia criou raízes e começou a transformar o mundo à sua própria imagem. Essa ideia, de forma simplificada, argumentava que os mercados podem se regular naturalmente e que os governos não devem interferir no funcionamento dos mercados.

Hoje, em muitos países, estamos testemunhando o renascimento de uma fé utópica absoluta nas forças do mercado: a crença de que o mercado pode resolver grandes problemas públicos muito melhor do que qualquer estrutura governamental. Essa crença agora equivale a uma certeza quase religiosa.

Como no passado, a ideologia das relações de mercado totalmente livres está prejudicando as necessidades da sociedade. Muitos dos regimes corruptos e incompetentes que existiram sob o pretexto de um suposto socialismo ou de outras estruturas autoritárias (veja, por exemplo, os regimes sul-americanos, do peronismo ao chavismo) são os culpados.

A "contrarrevolução" industrial - como podemos chamar a série de transformações (o surgimento de sindicatos, o marxismo, a seguridade social, a assistência médica gratuita) que ocorreu em resposta à revolução industrial - deu origem a um estado de bem-estar social, repleto de regulamentações; a economia mista e social-democrata, o estado de associação liderado por empresários, o "ajuste fino" keynesiano, o novo estado industrial galbraithiano; os países em desenvolvimento do Terceiro Mundo; os estados totalitários, sejam eles comunistas, fascistas ou nazistas.

A globalização já estava em pleno andamento há cem anos (a menos que queiramos voltar ao Império Romano). Sim, ela era notavelmente avançada, mesmo para os padrões atuais. Na primeira década do século XX, o comércio internacional representava mais de dez por cento do produto nacional bruto dos países industrializados. Foi somente na década de 1970 que eles atingiram novamente esse volume de exportações!

O volume de fluxos de capital internacional em relação ao total da produção econômica atingiu proporções no início do século XX que não foram alcançadas desde então. Naquela época, o volume de fluxos de capital do Reino Unido chegou a 9% do produto nacional bruto; em comparação, os aparentemente enormes superávits em conta corrente que a Alemanha e o Japão tiveram na década de 1980 nunca ultrapassaram 5% do PIB.

Em meados do século XIX, ao que parece, uma cultura totalmente nova havia surgido. O futuro parecia ser definido pelo credo liberal do cosmopolitismo, do livre comércio e da paz. Como em muitas outras coisas, a Grã-Bretanha foi a pioneira.

Nas décadas após a Batalha de Waterloo, ela desmantelou gradualmente suas políticas protecionistas. Dois fabricantes de tecidos aproveitaram essa oportunidade política e fizeram com que a Grã-Bretanha tomasse medidas mais vigorosas. Esses dois homens transformaram a Manchester Anti-Corn Law League em um movimento nacional das classes médias urbanas contra a elite rural proprietária de terras. Sua luta de sete anos levou à vitória: a Grain Act foi revogada e, com ela, todas as tarifas sobre grãos importados.

A partir da Grã-Bretanha pioneira, o livre comércio começou a se espalhar pela Europa continental.

O livre comércio teve implicações enormes para todo o campo das relações internacionais. O livre comércio criou a possibilidade do surgimento de uma nova e moderna forma de ordem internacional, que acabaria com as desnecessárias e destrutivas lutas dinásticas que os reis e as aristocracias impunham às nações.

Nas décadas anteriores à Primeira Guerra Mundial, a internacionalização da vida econômica floresceu. A tendência ao protecionismo contribuiu, então, para uma nova atmosfera internacional de conflito e tensão.

O crescente entusiasmo pelo planejamento econômico estatal estava inerentemente em desacordo com a nova divisão internacional do trabalho. Afinal, se a tomada de decisão centralizada era mais eficiente do que os mercados (como os defensores da tomada de decisão centralizada estavam convencidos), por que eles deveriam permitir a existência do comércio internacional?

Afinal de contas, a entrada e saída não regulamentada de bens e capital está perturbando os planos mais bem elaborados das autoridades estatais. Na época, argumentou-se que: "Qual é a utilidade de fixar um salário mínimo em um determinado setor se os funcionários que se beneficiarão dele perderão seus empregos devido à concorrência de produtos estrangeiros mais baratos?"

Ou se as autoridades estimularem a criação de indústrias de manufatura, mas os produtores de matérias-primas preferirem vendê-las a preços altos no exterior em vez de vendê-las a preços baixos para processamento no país?

As implicações das medidas comerciais protecionistas para as relações internacionais são enormes. Em um mundo de livre mercado, os cidadãos de um país podem se beneficiar de uma divisão mais ampla do trabalho por meio do comércio pacífico.

No entanto, em um mundo onde as restrições severas ao comércio internacional são uma doença crônica, esses ganhos só podem ser obtidos - no contexto do início do século XX - por meio de guerras, por meio da derrota da soberania estrangeira que impede o acesso aos produtos ou mercados desejados (no século XXI, essas guerras são travadas na Organização Mundial do Comércio).

O livre comércio torna as guerras tradicionais economicamente irracionais: o protecionismo, se exagerado o suficiente, pode fazer com que a guerra valha a pena. A compreensão desse problema nos levou a criar o que hoje é a União Europeia...

Tudo isso estava perfeitamente claro no final do século XIX. As possibilidades enriquecedoras da especialização internacional eram enormes e cresciam constantemente como resultado da inovação tecnológica. A primeira economia verdadeiramente global foi criada precisamente como resultado das enormes mudanças tecnológicas da Revolução Industrial. Essa explosão de criatividade tecnológica removeu as barreiras naturais ao comércio que a geografia havia criado.

A futilidade estéril do conflito entre as nações estava lenta mas seguramente começando a dar lugar à interdependência, à paz e à prosperidade - e o comércio era o motor dessas mudanças benéficas.

Ao mesmo tempo, porém, os países estavam começando a fechar suas fronteiras. Em uma época em que o protecionismo ainda estava em um nível razoável, presumia-se que, com o tempo, haveria um endurecimento das medidas protecionistas. Para piorar ainda mais a situação, as grandes potências no centro estavam consolidando rapidamente seu poder político na periferia em um esforço frenético para adquirir colônias.

O mundo parecia estar se desintegrando em grandes blocos imperiais que estavam mais ou menos isolados uns dos outros. Os países que dominavam esses blocos pareciam destinados a governar sem restrições, enquanto os países que não tinham uma quantidade de território grande o suficiente para criar autossuficiência e prosperidade em sua base estavam condenados.

As ligações entre os belos sonhos do planejamento central e os sonhos horríveis do século XX foram, em maior ou menor grau, o resultado de muitos movimentos diferentes nascidos da raiva contra a revolução industrial.

O programa de Bismarck reuniu todos os elementos de uma "reação" contra a lógica das relações de livre mercado da época: coletivismo na política doméstica, protecionismo no comércio e nacionalismo agressivo e militarismo na política estatal. Os principais teóricos do socialismo de Estado, os chamados "Kathedersozialisten", apoiaram com entusiasmo o nacionalismo agressivo.

Naquela época, a divisão global do trabalho era semelhante à atual: o centro era especializado em produção e a periferia em matérias-primas.

Na Grã-Bretanha, que foi a primeira potência industrial, os produtos manufaturados representavam cerca de três quartos de suas exportações. Os grandes Estados Unidos, por outro lado, incluíam tanto um centro quanto uma periferia. À medida que as áreas urbanas do leste americano começaram a prosperar de forma intensamente industrial, os Estados Unidos ultrapassaram a Grã-Bretanha em desenvolvimento econômico.

O cosmopolitismo otimista dos defensores do livre comércio rapidamente deu lugar a uma visão muito diferente do cenário internacional. Uma nova perspectiva, sombria e ameaçadora, apareceu em cena - uma cena de nações e raças rivais lutando entre si em conflitos intratáveis, lutando ferozmente pela vitória e pela derrota.

Entretanto, quando os críticos do comércio global afirmam que esse fenômeno deve ser visto como um aviso contra uma fé excessivamente acrítica no livre mercado, eles estão virando a história de cabeça para baixo. Na verdade, foi a antítese do liberalismo econômico que destruiu a primeira economia global, ou seja, o sonho insensato do planejamento central e da engenharia social que desencadeou a "contrarrevolução" industrial em todas as suas variantes.

Essa falácia coletivista era totalmente incompatível com a divisão internacional do trabalho: quando o coletivismo começou a se espalhar, a divisão internacional do trabalho não conseguiu sobreviver. Pois o coletivismo era frequentemente combinado com os meios preexistentes do Estado-nação e provocava um nacionalismo agressivo.

Em um mundo de estados centralizados cujos interesses necessariamente se chocavam, o conflito era inevitável. E quando a guerra chegava, sua terrível fúria dava vida a novos monstros - uma rádio econômica destrutiva e um sistema totalitário bárbaro. Os laços de confiança e cooperação mútua que formam o mercado global não tiveram chance em tal situação.

É impossível entender a decadência da primeira economia mundial na era moderna ou a ascensão da economia contemporânea sem considerar esses impulsos centralizadores. Nas primeiras décadas do século XX, a ascensão do poder do coletivismo significou o declínio da economia global: nos últimos vinte anos, ao contrário, a perda da fé no sonho coletivista permitiu que o mundo retornasse à globalização.

Normalmente, as pessoas veem a Primeira Guerra Mundial como um trágico acidente, uma guerra sem sentido travada essencialmente por nada ou, de qualquer forma, travada por motivos que são completamente incompreensíveis para nós hoje; foi uma guerra que ninguém queria, mas na qual todos foram atraídos para um perigoso sistema de alianças mútuas.

Se analisarmos mais profundamente a Primeira Guerra Mundial, veremos que ela não foi uma guerra acidental. Ela foi uma consequência da (contra)revolução industrial: uma filosofia de centralização que se fundiu com o estatismo, uma filosofia de estatismo que se fundiu com planos de expansão militar.

A Revolução Russa e a ascensão do fascismo foram consequências diretas da Primeira Guerra Mundial. O mesmo se aplica à Grande Depressão. Os esforços do pós-guerra para recriar a antiga ordem econômica internacional, especialmente o padrão-ouro, ocorreram em condições distorcidas e instáveis. Isso acabou levando a uma política monetária desastrosamente deflacionária nos Estados Unidos e na Europa.

Na década de 1930, a confluência da catástrofe econômica e do totalitarismo destrutivo - ambas consequências da Primeira Guerra Mundial - levou à destruição da economia global e ao surgimento da Segunda Guerra Mundial.

Nos anos após a Segunda Guerra Mundial, a economia internacional foi parcialmente reconstruída. Os Estados Unidos, a Europa Ocidental e o Japão estavam na vanguarda desse esforço. Entretanto, o domínio contínuo das filosofias socialistas e estatistas impossibilitou a ocorrência de uma verdadeira globalização. Afinal, a maior parte da população mundial vivia no bloco comunista e no Terceiro Mundo sob um regime coletivista grosseiro que rejeitava a própria ideia de uma economia de mercado internacional.

Com a queda do Muro de Berlim, o sonho de um governo centralizado pereceu. Naquele momento, a globalização renasceu. Ela foi liderada pelos Estados Unidos.

Agora, dez anos após o colapso da União Soviética, o Tio Sam tem cerca de 800 bases militares em outros países do mundo. A população dos Estados Unidos representa cerca de 4% da população mundial, mas consome 40% dos recursos do mundo. Os Estados Unidos governam o mundo diretamente por meio de seu enorme poder militar e indiretamente por meio de organizações como o Banco

Mundial, o Fundo Monetário Internacional e a Organização Mundial do Comércio.

A cartilha do Comando Espacial dos EUA, publicado pelo Departamento de Defesa dos EUA, e não por uma ONG, e intitulado "Visão 2020", afirma que "a globalização da economia mundial também continuará, com uma lacuna cada vez maior entre ricos e pobres, e precisaremos "dominar o espaço de operações militares para poder proteger os interesses e investimentos americanos" em um mundo cada vez mais perigoso e implicitamente antiamericano".

Essas tendências dominantes não são exclusivamente americanas, mas todo país começa a demonstrá-las quando ganha poder, assim como os homens (principalmente os homens). Os Estados, assim como os homens, buscam conquistar e suprimir sempre que possível. Os estados que não fazem isso não o fazem apenas porque não têm poder suficiente. Portanto, a rebelião dos antiglobalistas é compreensível, mas não é exatamente lúcida e perspicaz, seja em relação ao passado ou ao futuro.

Precisamos começar a impor um código de ética e moralidade universalmente aceitável que deve se tornar a base do comportamento entre nações e empresas. Os dogmáticos da empresa de mercado completamente livre querem uma selva completamente incontrolável onde o poder faz a razão. Eles são darwinistas capitalistas. Mas as pessoas saíram da selva justamente porque se opõem à ordem natural. Caso contrário, ainda estaríamos vivendo em cavernas.

Nosso estado "civilizado" é o resultado de nossa capacidade de não aceitar a dureza da lei natural, mas de criar várias formas de proteção contra ela. Da arquitetura à medicina. Portanto, não precisamos aceitar um sistema cruel que ignora os mais fracos, especialmente porque o empreendedorismo e o trabalho são atividades inventadas pelas raças branca e amarela.

Não é uma atividade mundial naturalmente aceita: os africanos, os indianos, os hindus e muitas outras sociedades tinham culturas baseadas em valores diferentes. Portanto, a ideia de que todos devem participar da caça e somente aqueles que capturam algo podem comer é artificial.

Muitas pessoas simplesmente não têm habilidade para caçar. E, como em qualquer cultura primitiva, alguns caçam, alguns cozinham, alguns cuidam dos outros, alguns produzem arte...

Se os governantes do passado não tivessem apoiado a arte - que na época não tinha valor de mercado, apenas valor estético e social (era um sinal do alto status do comissário) -, não teríamos Da Vinci ou Michelangelo! A arte não deveria depender do valor de mercado, porque as massas estão, em sua maioria, interessadas apenas em entretenimento superficial e leve.

Aqueles que negam o financiamento público para a arte estão, na verdade, também negando o financiamento para a ciência. Um laboratório de pesquisa quase não tem sempre algum valor de mercado, pois apenas alguns dos laboratórios existentes no mundo produzirão uma descoberta substancial que possa ser transformada em uma mercadoria lucrativa.

Se apenas o mercado fosse o valor determinante de tudo, estaríamos de volta à Idade Média feudal...

Antes dos 20 anos, eu também sonhava com um mundo perfeito e também achava que ele poderia ser criado por meio de soluções simples. Somente com a idade aprendi que os compromissos são sempre necessários, porque ninguém é dono da verdade única e final. Em algum momento, eu provavelmente também teria me tornado um antiglobalista sem uma agenda clara e realista. A idade enriquece a visão que temos do mundo e começamos a perceber muitos detalhes diferentes, por isso ainda sonho com um mundo mais justo, mas a receita de como isso pode acontecer é muito mais complicada do que jogar pedras em policiais mal pagos.

Os homens no poder estão fazendo o que a maioria dos homens no poder sempre faz: fortalecer e expandir seu poder. Esses paralelepípedos não atingem os governantes, nem atingem sua culpa - porque os governantes não têm culpa.

A única esperança possível de mudar todo o processo com o qual temos de conviver - a globalização - é que os jovens, em sua maioria, não se interessam por política. Os chamados anarquistas estão entre os poucos jovens que se interessam por política. Portanto, eles podem ser os que acabarão chegando ao poder. O mesmo aconteceu com questões como divórcio, aborto, direitos dos homossexuais e o direito de fumar maconha. Elas não foram abordadas até que a velha guarda saiu de cena e a geração dos anos 60 chegou ao poder.

Portanto, só espero que a atual geração antiglobalista cresça, aprenda um pouco mais sobre a vida e chegue ao poder. Com sorte, eles praticarão o capitalismo e a globalização, que serão mais para as pessoas comuns.

A menos, é claro, que sejam corrompidos pelo poder, como seu antecessor.

---

20. 5. 2002

O Gabinete do Presidente da República proibiu parte da exposição no Castelo de Praga!

Havel como censor? Quando os dissidentes se tornam dinossauros...

Fabiano Golgo

No último minuto, o Gabinete do Presidente proibiu a parte externa da exposição POLITIK-UM/New Engagement nos pátios do Castelo de Praga. Porque essa parte era polêmica.

Se o Castelo queria um evento artístico com um tema de orientação política, deveria ter se preparado para isso.

Deveria ter levado em conta que os artistas não são pessoas como as da Ponte Carlos, que desenham os rostos dos turistas, mas geralmente são pessoas com opiniões originais e não convencionais. E isso é muito bom, pois, caso contrário, não teríamos surrealistas, impressionistas, cubistas etc. A arte nem sempre transcende as normas convencionais, mas o faz com frequência.

Durante a Renascença, os artistas muitas vezes colocavam seus patronos em pinturas de santos, e o patrono sempre parecia apropriadamente piedoso. É exatamente isso que o Castelo de Praga quer?

Qualquer que seja o meio ou o significado de uma determinada obra de arte, quer o seu conteúdo seja impopular, ou incomode algumas pessoas, ou seja de má qualidade, as obras de arte não devem ser rotuladas como aceitáveis ou inaceitáveis.

Cito o jornal MfDnes: Filip Turek queria antes de St. Jiří para instalar uma forca com cabide de enfeites de Natal, o terceiro pátio da igreja São Vito deveria pertencer ao evento do grupo artístico aqui em questão, denominado *Zimmer frei*. E foi ela quem causou a proibição. Balões com informações sobre as casas de Liberec, que depois da guerra foram confiscadas pelo Estado dos alemães Sudetos e hoje estão gradualmente desmoronando, deveriam ser voar pelo pátio.

Os balões deveriam ser acompanhados por uma faixa *Zimmer frei* pendurada sob as janelas do gabinete do presidente. O evento foi aprovado. Contudo, no final de abril, o Chanceler Ivo Mathé rejeitou todas as instalações exteriores. Esta foi a primeira vez que o gabinete interveio de forma diretiva nos projetos da Administração do Castelo de Praga. "Para nós, os projetos eram politicamente controversos, porque deveriam estar em uma área onde as visitas do Estado se alternavam", explica o porta-voz do Castelo, Martin Krafl. "Imagine uma visita de Estado passando pela inscrição *Kunst macht frei* na Porta de Matias, onde não está explicado o que é".

Krafl alude assim a outro projeto, *Pode Balu*, que tinha como slogan *A arte liberta* para se referir às inscrições *Arbeit macht frei* (O trabalho liberta) nas portas dos campos de concentração nazistas. No entanto, a proibição de outras exposições ao ar livre - além de *Pode Balu* também afetou os já mencionados Filip Turk, Martin Zet, David Černý e Daniel Bozhkov - não foi forçada pelo medo do escritório em relação aos turistas, mas pelo politicamente correto do evento.

Um pequeno alvoroço também foi causado por um homem disfarçado de policial, que foi trazido pelo escultor David Černý para protestar contra a proibição de sua obra. Policiais reais legitimaram o homem em questão e o persuadiram a retirar uma placa com a inscrição *Para alugar (Zimmer frei)*, que o convidava a alugá-lo por uma hora por 3.500 coroas.

O Castelo de Praga deveria ter adotado a "neutralidade do contexto" com relação à liberdade de expressão - ele não pode restringir a liberdade de discurso e expressão só porque alguém - mesmo que seja a maioria da sociedade - se ofende com seu conteúdo. No contexto da arte e do entretenimento, isso significa que devemos tolerar certas obras que podemos considerar ofensivas, chocantes ou simplesmente erradas. Assim como outras formas de expressão, a proteção do processo artístico é uma característica fundamental da liberdade de expressão.

Se nem mesmo Havel, na República Tcheca, está ciente dessas coisas, então eu perco toda a esperança!

Mas escrevo sobre isso porque cresci acreditando que havia um verdadeiro super-homem vivendo na Tchecoslováquia. E o aniversário de Václav Havel foi no mesmo dia que o meu, o que tornou tudo ainda mais interessante. Comprei seus livros e depois seus discursos presidenciais. Traduzi muitos desses discursos para artigos sobre esse homem cujas palavras eram lições profundas sobre ética na política e na vida. Suas ideias cativaram não só a mim, mas a maioria dos estrangeiros que tomaram conhecimento delas. Como todos sabem, Havel é muito respeitado no exterior.

No entanto, quando me mudei para a República Tcheca, minha opinião sobre Václav Havel mudou um pouco, o que é natural quando nos aproximamos. A maioria dos tchecos não estava mais interessada em Václav Havel. Eles não o veneravam mais.

Recentemente, Havel perdeu a aura que costumava ter. Talvez ele ainda mantenha parte de sua antiga reputação, mas não é mais um dissidente. Ele é o presidente e tem a mente de um ex-rebelde, mas ainda é o presidente, e isso cria uma grande distância entre ele e a vida real. Ele nem sempre se comporta como os líderes políticos comuns do mundo, mas age cada vez menos de acordo com os princípios que defendia no comunismo.

Um exemplo é o fato de Havel não ter levantado a voz quando as autoridades britânicas começaram a impedir que os ciganos viajassem para a Grã-Bretanha. Se Václav Havel tivesse se mantido fiel aos princípios que defendeu durante toda a sua vida, deveria pelo menos ter exposto os eufemismos que se usa, mesmo que o objetivo principal seja impedir que os ciganos busquem asilo na Grã-Bretanha. Václav Havel já foi vítima de eufemismos semelhantes...

No passado, Havel protestou contra essa hipocrisia, sabendo muito bem as consequências ruins de mentir para a sociedade. O silêncio de Havel sobre a questão do filtro étnico no aeroporto de Praga é uma negação de seu passado.

Mas agora, com o episódio absurdo da proibição de parte da exposição no Castelo de Praga, temo que Václav Havel tenha se distanciado ainda mais de seu passado.

Em uma sociedade livre, a arte é muito mais do que uma distração. Ela proporciona esclarecimento, educação, identifica problemas sociais e conscientiza as pessoas sobre o que está acontecendo.

Todo obstáculo criado artificialmente à liberdade de expressão artística envia um sinal terrível, especialmente para os jovens: se não gostamos de algo, a coisa certa a fazer é destruí-lo, exigir que seja removido, retirar o financiamento ou varrer para debaixo do tapete.

A arte é uma ferramenta para que as pessoas busquem a verdade e a autoconsciência. Como consequência dessa busca pela verdade, as obras de arte desafiam visões estereotipadas e convencionais e provocam impulsos de censura naqueles cuja busca pela verdade chegou a respostas diferentes.

Entretanto, uma sociedade livre baseia-se no princípio de que cada pessoa tem o direito de decidir que tipo de arte ou entretenimento deseja receber. Se o espírito criativo humano não for livre, a doença contagiosa da censura nos infectará a todos.

Henrik Ibsen, George Bernard Shaw, Oscar Wilde, Maxim Gorky, Bertolt Brecht e Andrei Sakharov - todos eles foram ridicularizados por seu próprio país por agirem, como a história tem mostrado desde então, de forma honesta e corajosa, mesmo que sua visão não fosse muito lisonjeira para as normas morais hipócritas aceitas pela sociedade contemporânea.

A integridade pessoal desses escritores foi testada pelo teste do tempo. Seu caráter e sua integridade moral eram iguais às suas obras de arte. Os críticos contemporâneos de Oscar Wilde estavam convencidos de que sua obra seria esquecida e que seu próprio nome se tornaria um símbolo de corrupção moral. Hoje, o inverso é verdadeiro: o nome de Wilde revela a hipocrisia e o pudor moral da era vitoriana.

Eu me pergunto qual nome resistirá ao teste do tempo? Será Ivo Mathé ou David Černý? Havel, o dissidente, ou Havel, o presidente?

23. 5. 2002

Bush e a mídia tcheca: não é RP, apenas um complexo de pequenez

Fabiano Golgo

A maneira como a mídia tcheca começou a beijar os pés de Laura Bush é resultado de provincianismo, nada mais. Durante essas últimas semanas, vários amigos - em várias ocasiões - me disseram, quando souberam que a esposa do presidente dos EUA estava vindo a Praga, com um sorriso de satisfação, que se sentiam especiais porque "uma pessoa tão importante estava vindo ao nosso país distante"... Fiquei até constrangido quando meu assistente me acompanhou a uma reunião com um pesquisador britânico que buscava informações sobre a mídia tcheca para uma empresa de telecomunicações na Inglaterra.

Meu assistente, depois de ouvir por vários minutos um visitante britânico dizer como Praga era bonita, de repente disse: "E na próxima semana teremos Laura Bush!". Ao que o britânico respondeu, com aquela conhecida atitude sarcástica britânica: "E, portanto, devo considerar Praga ainda mais bonita?" Meu assistente não entendeu o que o inglês estava tentando dizer, então sorriu ainda mais e suspirou.

Há um homem parado na Praça da Cidade Velha com um "pôster" amarelo vendendo (ilegalmente, sem uma permissão oficial, ele me disse quando me convenceu a não filmar) os chamados "passeios turísticos após a

Revolução de Veludo". Isso significa que ele guia os turistas pelos supostos locais onde os estudantes provocaram os eventos de 17 de novembro de 1989. (É uma fraude, no entanto, porque ele os leva da Praça da Cidade Velha pela Praça Železná, para Můstek, para Národní třída, para a Rua Karmelitská e termina na Rua Rytířská...)

Mas o que quero dizer é que, durante a caminhada, ele conta aos clientes que "a Rainha Elizabeth também passou por aqui" e que, em 1999, durante a celebração do décimo aniversário da revolução, "George Bush, Margaret Thatcher e Madame Mitterand vieram a Praga e receberam medalhas de Václav Havel por nos ajudar a nos libertar do comunismo" (sic).

É interessante notar que ele não menciona Lech Walesa, Mikhail Gorbachev e Helmut Kohl, que também receberam honrarias do castelo.

O fato de o homem achar necessário informar os turistas sobre uma banalidade como essa mostra o quanto ele mesmo a considera importante.

Quando a mídia descobriu, há dois anos, que Pelé viria a Praga para o seu 60º aniversário, fui imediatamente contatado por vários amigos que queriam conseguir uma entrevista com a lenda do futebol. E um deles me perguntou: "Por que ele nos escolheu para um dia tão importante de sua vida?"

Traduzi a pergunta para Pelé, que me olhou com total descrença e respondeu o óbvio: "Porque Praga é uma das cidades mais bonitas que conheço, e foi aqui que beijei minha esposa pela primeira vez". O quê??? Pelé já esteve aqui uma vez?! exclamou o repórter. Claro que sim, muitas vezes, respondeu Pelé, mencionando sua amizade com alguns dos jogadores do time da Tchecoslováquia, como Josef Masopust, que ele mantém desde aquele famoso jogo entre nossos dois países na década de 1960.

As pessoas sempre perguntam: "Por que a República Tcheca?" quando ficam sabendo que decidi me estabelecer nesse país. "Por quê? Não há nada aqui" ou "Sair de Copacabana para esse país cinzento é absolutamente estúpido" (foi o que me disse um funcionário da polícia estrangeira).

Também é interessante que a mídia tcheca geralmente é uma versão nacional de periódicos estrangeiros ou tem títulos em idiomas estrangeiros para dar a eles um status mais elevado. Também me lembro de quantas vezes me perguntaram, nas três empresas de mídia em que trabalhei aqui na República Tcheca, de onde tirei uma ideia ou outra para um artigo. Eles sempre queriam saber de qual meio de comunicação estrangeiro eu havia copiado a ideia. Como se fosse sempre necessário ter a aprovação prévia dos países "melhores".

Os jornais britânicos são, até certo ponto, um exemplo do mesmo fenômeno, pois estão sempre tentando mostrar "como os britânicos fazem".

Portanto, tenho a impressão de que a maioria das pessoas aqui na República Tcheca se sente honrada quando "figuras importantes" como Laura Bush sabem que existe uma República Tcheca. Infelizmente, essa reação é apenas o resultado de um complexo de pequenez e inferioridade.

30. 5. 2002

Pim Fortuyn: Os holandeses agora são de extrema direita?

Fabiano Golgo

Pim Fortuyn, que não esconde que é homossexual, ex-professor universitário marxista que se tornou colunista de jornal, tornou-se um improvável porta-voz do sentimento anti-imigração na Holanda, um país onde os imigrantes, muitos deles muçulmanos da Turquia e do norte da África, representam 10% do país densamente povoado de 16 milhões de habitantes.

Fortuyn não era fascista, e a maioria dos holandeses sabia disso. É por isso que o partido de Fortuyn ficou em segundo lugar nas eleições gerais holandesas, e não porque muitos holandeses de repente começaram a apoiar a direita.

Apesar da desinformação que se espalhou na mídia como resultado de uma interpretação simplista, Fortuyn defendia principalmente uma agenda liberal radical: ele buscava reduções drásticas de impostos, privatização de serviços sociais e leis mais liberais sobre drogas.

Pode parecer "de direita", mas na realidade o que Fortuyn estava enfatizando era a responsabilidade individual - ele não estava defendendo uma atitude do tipo "odiamos estrangeiros".

Os obituários de Fortuyn o caracterizam como um "extremista de direita", mas isso não faz sentido. Fortuyn sempre enfatizou que era impreciso e tolo agrupar todos os políticos anti-establishment como "extrema direita".

Ele estava certo, mas era do interesse do establishment político na Europa demonizar um desafiante de suas políticas, como Fortuyn, como um "neofascista". Ao fazer isso, eles conseguiram desacreditar suas ideias sem ter que abordá-las seriamente em um debate democrático.

Então, por que eles achavam que Fortuyn era de fato "de direita"? Principalmente porque ele era contra a imigração. Entretanto, muitas pessoas que se opõem à imigração se autodenominam "esquerdistas" porque se opõem à imigração por motivos ambientais. O problema é que

Fortuyn se opunha à imigração por motivos culturais. Ele estava convencido de que a cultura muçulmana, em particular, não poderia coexistir com a sociedade holandesa ultraliberal e "permissiva".

É possível que essa visão dele fosse tola e simplista.

Sua posição em relação à imigração refletia o medo de que um país pequeno e densamente povoado como a Holanda, que oferece moradia, saúde e educação financiadas pelo Estado para os refugiados, não pudesse praticar essa política indefinidamente.

Os ataques de Fortuyn ao Islã são uma reação aos ataques verdadeiramente vis contra a homossexualidade e os valores liberais ocidentais por líderes islâmicos na Holanda e em outros países. Fortuyn destacou que, em sua opinião, os líderes islâmicos pregam a negação absoluta dos direitos civis e humanos individuais, consideram os seres humanos subordinados a Deus e exigem que o Estado imponha ao povo a única visão correta do mundo - a visão dos líderes religiosos muçulmanos.

Fortuyn não se aplicaria à política americana - os políticos cristãos fundamentalistas (e a sociedade) de lá têm opiniões semelhantes...

Ao contrário do político francês Jean-Marie Le Pen, com quem muitas vezes foi injustamente comparado, Fortuyn defendia os princípios de mercados livres, impostos mais baixos e desregulamentação. Ele prometeu reprimir o crime, devolver a polícia ao controle local e introduzir requisitos de qualidade mais rígidos na educação.

Fortuyn, que se sentia à vontade nos bares gays de sua cidade natal, Roterdã, era um livre-pensador declarado que apoiava totalmente a crença holandesa em uma sociedade liberal e tolerante, mas também argumentava que os muçulmanos e outros imigrantes que se recusavam a se adequar aos valores holandeses ameaçavam as liberdades holandesas.

O pecado imperdoável de Fortuyn, aos olhos do *establishment* liberal de esquerda holandês, foi o fato de ele ter tentado desafiar a crença do *establishment* no pluralismo cultural, juntamente com ideias de tolerância e liberdade. Fortuyn alertou que a chegada de um grande número de imigrantes no país mais densamente povoado da Europa era, em sua opinião, uma ameaça à sociedade que ele amava.

Os muitos inimigos de Fortuyn o escandalizaram como fascista e racista, principalmente por causa de sua posição dura em relação ao crime e, especialmente, por sua crença de que a imigração deveria ser interrompida e que deveria ser exercida mais pressão sobre os imigrantes para que se adaptassem ao modo de vida holandês.

Imigração e assimilação de imigrantes do Terceiro Mundo: essas são e continuarão a ser questões extremamente importantes para a Europa, especialmente porque a população europeia está envelhecendo e não estão nascendo crianças suficientes para evitar que o número de europeus diminua.

Os pontos de vista defendidos e expressos por Fortuyn abalaram o mundo normalmente sedentário da política holandesa, que foi construído por muitas décadas com base em coalizões que representam os grupos tradicionais da população holandesa - católicos, protestantes, socialistas e partidos menores. Na prática, isso levou a um governo estatista cada vez mais ossificado, supervisionado por uma classe política elitista, mas que - como na França e em outras democracias europeias - agora é rejeitado por um número cada vez maior de eleitores por não atender aos seus desejos e vontades políticas.

Fortuyn desafiou um dos princípios básicos da cultura liberal holandesa: não devemos dar a impressão de que somos intolerantes.

A imigração e os crimes associados à imigração não são problemas novos na Holanda, mas o que é novo é que agora se fala abertamente sobre isso. Por muitos anos, a elite governante, incluindo a mídia, impediu a discussão sobre o crescente problema da imigração. Qualquer pessoa que quisesse mencionar o assunto era tachada de cripto-nazista.

Fortuyn denunciou esse politicamente correto incapacitante. Ele disse em uma entrevista que "em toda a Europa, os socialistas e a extrema esquerda proibiram a discussão dos problemas da sociedade multicultural".

Fortuyn era extremamente telegênico, muito bom com a mídia e às vezes usava demagogia na mídia, mas sua abordagem era eficaz. Durante um recente debate televisionado com um importante líder religioso muçulmano, Fortuyn provocou deliberadamente o clérigo muçulmano ao tornar sua homossexualidade conhecida.

O imã acabou explodindo e condenou Fortuyn por sua homossexualidade em termos indiscriminados. Sem se intimidar, Fortuyn virou-se para a câmera, falou diretamente com a plateia e ressaltou que esse é o cavalo de Troia da intolerância que os holandeses convidam para sua sociedade em nome do multiculturalismo.

Essas eram opiniões políticas que não podiam ser expressas na sociedade holandesa "oficial". No entanto, Fortuyn se tornou tão popular justamente por causa de sua capacidade e determinação de subverter a sufocante correção política da política de consenso holandesa. E é por isso que ele foi assassinado.

As eleições apenas reforçaram a tendência de queda dos governos de esquerda na França, Dinamarca, Portugal e Itália no último ano, onde o apoio aos partidos populistas de extrema direita, que começaram a explorar as preocupações com a criminalidade, a imigração e a perda da identidade nacional, aumentou.

O governo português é uma coalizão entre o Partido Social Democrata, de centro, e o Partido Popular, de extrema direita. Essa coalizão derrotou o antigo governo socialista nas eleições de março.

Na Itália, 5% dos eleitores apoiam os dois partidos de extrema direita, a Liga do Norte e a Aliança Nacional. A Aliança Nacional inclui a neta de Mussolini, Alessandra. Esse partido tem apoio em muitas áreas mais pobres da Itália. A Liga do Norte, cujo líder é Umberto Bossi, é membro do governo de coalizão do primeiro-ministro Silvio Berlusconi.

Quando o Partido da Liberdade, de extrema direita, chegou ao poder na Áustria em 2000, a União Europeia impôs sanções à Áustria. Com suas políticas anti-imigração e anti-UE, o partido deixou a periferia da vida política austríaca e se tornou uma força poderosa.

Na vizinha Suíça, o Partido do Povo Suíço (SVP), de extrema-direita, registrou um apoio substancial em 1999 e agora tem 22,5% do eleitorado.

Na Alemanha, também, os partidos de extrema direita começaram a ganhar terreno. Há alguns meses, o novo partido Lei e Ordem obteve 20% dos votos na cidade de Hamburgo.

Na Escandinávia, tradicionalmente socialista, o Partido do Progresso, de extrema direita, conquistou 26 cadeiras no parlamento norueguês, que tem 165 cadeiras, nas eleições de 2001. Sob a liderança de seu líder Carl Hagen, o partido reivindica um apoio eleitoral de 15%.

Esses partidos de direita se manifestam de maneiras diferentes, mas uma questão os une: a imigração. O forte apoio à demanda para acabar com a imigração e uma forte ênfase na lei e na ordem (esses partidos políticos vinculam o aumento da criminalidade à imigração) conquistaram eleitores para esses partidos em todo o continente europeu.

No entanto, se alguém pensa que a vitória esmagadora da direita nas recentes eleições significou que a eutanásia, o acesso fácil ao aborto, o casamento gay ou a maconha seriam proibidos, está redondamente enganado. Amsterdã não cairá nas mãos dos puritanos.

Os democratas-cristãos triunfantes, uma mistura de calvinistas e católicos, podem dizer que é vergonhoso que a Holanda tenha se tornado um "receptáculo do vício" e a capital das drogas da Europa, mas eles não planejam fazer muito a respeito, exceto montar uma campanha moral como a dos defensores da temperança em Chicago na década de 1920. Oficialmente, as drogas leves ainda são ilegais na Holanda, mas não são criminosas. É impossível mudar a lei retrospectivamente.

Fortuyn queria tornar ainda mais fácil o acesso à maconha, queria que ela fosse vendida em supermercados como limonada e, embora seus apoiadores não sejam tão militantemente liberais, eles não planejam restringir as leis holandesas sobre drogas.

No entanto, os democratas-cristãos certamente querem tornar a Holanda um país muito menos acolhedor para os imigrantes do norte da África, da Turquia e do Caribe. Em um discurso há alguns meses, seu líder descreveu o multiculturalismo da década de 1990 como um "fracasso" que deve ser removido da política do Estado, embora o programa do partido fale mais obliquamente sobre acabar com a "alteridade étnico-cultural". Nesse ponto, ele fala de forma semelhante a Pim Fortuyn, embora não defenda, como ele, a frequência obrigatória de crianças marroquinas e turcas em escolas convencionais para acelerar a assimilação e evitar a criação de guetos islâmicos.

A União Europeia ainda não desenvolveu uma abordagem unificada em relação aos solicitantes de asilo e à imigração, e os problemas causados pela ascensão da direita provavelmente continuarão a se intensificar. Entretanto, não misturemos maçãs e tomates: Le Pen é um político de extrema direita. Haider, Kopal e outras criaturas de mente simples também são. Fortuyn não era um político de extrema direita, embora tenha respondido ao grave problema do choque de culturas e do estado de bem-estar social que as atende.

Eu, como estrangeiro, como imigrante (porque não quero ficar aqui apenas por um determinado período de tempo, como a maioria dos estrangeiros na República Tcheca, mas quero passar toda a minha vida aqui), posso dizer com segurança que é realmente necessário adaptar meu comportamento a certas expectativas gerais, universais e básicas da sociedade em que escolhi viver. É claro que não vejo razão para parar de gesticular como um brasileiro ou para abandonar outras características informais da América Latina.

Mas não posso me mudar para a República Tcheca e dirigir meu carro aqui como um brasileiro (os brasileiros não respeitam semáforos nem limites de velocidade), nem posso interromper meu trabalho a cada hora para tomar um café. Um imigrante precisa ter um pouco de noção e se adaptar a certos hábitos. Ou escolher viver em uma sociedade diferente.

31. 5. 2002

A liberdade não é inevitável. Mas a tirania também não...

Fabiano Golgo

Uma democracia que não é limitada pelos direitos dos cidadãos individuais é apenas a regra da maioria. Os fundadores dos Estados Unidos sabiam que, historicamente, a democracia leva - e só pode levar - à tirania. Ninguém pode votar sobre os direitos individuais dos cidadãos.

A função do governo é garantir esses direitos individuais, não agitar o punho coletivo da multidão. Os fundadores proclamaram que os Estados Unidos são uma república constitucional na qual o voto democrático é apenas um método de eleger autoridades e aprovar leis que não podem restringir os direitos humanos individuais.

Entretanto, hoje uma lei é considerada justa não porque protege a liberdade, mas porque foi aprovada democraticamente! Se você não gosta de uma lei ou de um político, dizem-nos, você está sem sorte, pois poderia ter votado contra eles. Portanto, tudo o que vem do governo é bom porque é santificado por um voto que, supostamente, está sempre certo. Portanto, não é de surpreender que os políticos e os tiranos do status quo apoiem com entusiasmo a própria democracia, como se ela fosse um tipo de ideal. Se eles nomeassem o princípio da liberdade como um fundamento, teriam de condenar suas próprias atitudes e políticas, sem mencionar o despotismo de outros países.

A glória dos Estados Unidos não está no fato de ser uma democracia, mas no fato de ser um país fundado no princípio da liberdade.

Há mais de duzentos anos, um grupo de pessoas deu um passo tão grande que elevou o restante da humanidade com a velocidade desse movimento. Dois conceitos novos e revolucionários foram incorporados em uma nação: direitos naturais e governo limitado. Pela primeira vez, uma nação foi fundada com base em ideias, não em derramamento de sangue ou parentesco dinástico, nem nos ditames de alguma divindade inacessível, expressos por meio dos ditames de um governante tirânico.

Mas os americanos esqueceram o espírito de sua Revolução. Quando o Dia da Independência é comemorado nos Estados Unidos hoje, os pais ficam felizes por não terem de ir trabalhar, fazer um piquenique e assistir aos fogos de artifício. Não lhes ocorre pensar na conexão entre a abundância de comida no piquenique e os homens que morreram pela liberdade. O espírito grandioso e desafiador da nação desapareceu.

A fundação dos Estados Unidos representou na prática a ideia revolucionária de que cada pessoa, como ser humano, é uma fonte de energia produtiva e criativa.

Em um sentido real, a fundação dos Estados Unidos representou uma verdadeira descoberta do que é humano.

Essa descoberta foi baseada nos fatos da realidade, da natureza humana e da energia produtiva - e nenhuma quantidade de armas ou retórica de déspotas pode alterar esse fato. É um dado da própria natureza que todo ser humano é livre.

Foi um grande crescimento. A condição dos seres humanos antes do reconhecimento dos direitos individuais e da Revolução Americana era de pobreza abjeta, pestilência frequente, fome e desespero geral.

Havia riqueza, mas era uma riqueza roubada, pertencente a faraós, reis e à aristocracia. Essa situação não era imutável - em algum momento e em algumas sociedades, as pessoas descobriram a ideia de liberdade até certo ponto. E, nessa medida, as pessoas progrediram, passaram um pouco menos de fome e começaram a questionar a ideia fatalista de que nada poderia ser mudado em suas vidas, que suas vidas eram determinadas por algum deus...

Em 1776, a lenta e engenhosa esteira da história de repente saiu de seu curso normal e tudo mudou para sempre e radicalmente. A conveniência, a tecnologia, o padrão de vida e todas as oportunidades de diversão que hoje consideramos garantidas começaram a surgir quando a energia humana finalmente pôde começar a funcionar adequadamente - em nível individual. Não apenas a tecnologia, mas também o desenvolvimento social foi possível quando o ser humano individual ganhou soberania.

A escravidão, cuja presença era um paradoxo doentio na sociedade americana primitiva, não poderia sobreviver em um país que adotasse uma filosofia de direitos humanos iguais. A verdadeira diversidade cultural (aquela que existe espontaneamente e não é determinada por um grupo elitista) só é possível no contexto do individualismo e da igualdade de oportunidades.

Mas os Estados Unidos de hoje estão sendo prejudicados pelo crescente controle político. A maioria dos americanos não quer ver isso.

O declínio da liberdade conquistada a duras penas prejudicou o entusiasmo das pessoas pela Guerra Civil e pela centralização federal do poder, mas os americanos seguiram em frente. Um fluxo corrosivo de subsídios do governo ajudou as pessoas durante a Grande Depressão, e outras intervenções do governo para "estimular" a economia, das quais o New Deal de Franklyn D. Roosevelt foi a manifestação mais proeminente, levaram a mais danos substanciais e prejudicaram ainda mais a liberdade americana.

Ter a coragem de ver a realidade como ela é, à luz da liberdade perdida, é afirmar um grau grotesco de controle e invasão de privacidade.

A maioria dos americanos perdeu o conhecimento da liberdade e de sua própria liberdade real. No entanto, nos Estados Unidos, repete-se *ad nauseam* que "somos a terra dos livres", e isso é suficiente para que as pessoas pensem que sim. Acrescente a isso alguns breves trechos no noticiário noturno da televisão sobre os horrores que estão ocorrendo em todo o mundo e as pessoas concluirão que os Estados Unidos são o país mais livre do mundo.

Lentamente, peça por peça, a Revolução Americana está sendo desmantelada. Os aviões que se chocaram contra o império mundial apenas deixaram isso claro.

O que está sendo destruído? É muito simples. O governo agora opera com base na premissa de que os cidadãos são incapazes de governar suas próprias vidas.

Os políticos e jornalistas evitam a questão da liberdade quando tentam definir a natureza dos Estados Unidos. Quando protestam contra as restrições à liberdade de expressão em Cingapura, contra a escravização de mulheres no Oriente Médio, contra o tratamento dado aos prisioneiros políticos na China, deixam de mencionar que o princípio comum a todas essas injustiças é a violação da liberdade.

Em vez disso, o que ouvimos? Que as ações desses governos são, de alguma forma, erradas e que são, de alguma forma, diferentes do que "nós" permitiríamos nos Estados Unidos. A mídia e os políticos estão perigosamente evitando o cerne do problema: eles alegam que esses países não são suficientemente democráticos. A democracia, afirmam eles, é a força única dos Estados Unidos.

Mas uma democracia que não é limitada pelos direitos dos cidadãos individuais é apenas a regra da maioria. Os fundadores dos Estados Unidos sabiam que, historicamente, a democracia leva - e só pode levar - à tirania. Ninguém pode votar sobre os direitos individuais dos cidadãos. O trabalho do governo é garantir esses direitos individuais, não agitar o punho coletivo da multidão.

Os fundadores proclamaram que os Estados Unidos são uma república constitucional na qual o voto democrático é apenas um método de eleger autoridades e aprovar leis que não podem restringir os direitos humanos individuais.

Entretanto, hoje uma lei é considerada justa não porque protege a liberdade, mas porque foi aprovada democraticamente! Se você não gosta de uma lei ou de um político, dizem-nos, você está sem sorte, pois poderia ter votado contra eles. Portanto, tudo o que vem do governo é bom porque é santificado por um voto que, supostamente, está sempre certo.

Portanto, não é de surpreender que os políticos e os tiranos do *status quo* apoiem com entusiasmo a própria democracia, como se ela fosse um tipo de ideal. Se eles nomeassem o próprio princípio da liberdade, teriam de condenar suas próprias atitudes e suas próprias políticas, sem mencionar o despotismo de outros países.

A glória dos Estados Unidos não está no fato de ser uma democracia, mas no fato de que é - era - um país fundado no princípio da liberdade. De modo geral, os americanos se esqueceram disso, e a rápida destruição de seus direitos e de sua dignidade humana e o constante fortalecimento do poder do governo são um testemunho de seu fracasso.

Mas a Revolução Americana aconteceu e não pode ser interrompida. As pessoas descobriram a verdade e, enquanto houver pelo menos alguém capaz de pensar livremente e questionar as coisas livremente, essa verdade nunca se perderá.

Nas ciências naturais, muitos fenômenos podem ser previstos com precisão - a astronomia, por exemplo, pode calcular exatamente onde os planetas estarão daqui a centenas de anos. Mas no caso das alternativas humanas e da história humana, nada é determinado com precisão. Os seres humanos têm uma capacidade única: eles têm seu próprio livre arbítrio. Nós escolhemos nosso próprio destino.

A liberdade não é inevitável. Mas a tirania também não é inevitável.

---

4. 6. 2002

Sobre a educação estrita dos tchecos

Fabiano Golgo

O sistema educacional tcheco está desatualizado, seu produto é um rebanho em vez de cidadãos independentes com pensamento crítico, faz um trabalho ruim ao preparar a geração jovem para o mundo moderno do trabalho. Recentemente, durante um exame de final de ano, o professor perguntou ao aluno quantas páginas um determinado livro tinha!

Há pouco tempo, participei de uma aula de literatura. O aluno estava memorizando o ano em que este ou aquele livro foi publicado. Qual é a importância de saber exatamente quando um livro viu a luz do dia? Claro, é importante situar o livro no tempo para que o contexto de quando ele foi escrito fique claro - mas ensinar "literatura" como uma lista telefônica de nomes e datas? Isso é simplesmente duvidoso, um ensino distante "sobre história literária" - não é nem mesmo a própria história literária.

A maior habilidade do homem é o uso intencional e disciplinado da inteligência. É o nosso cérebro que nos torna seres humanos. É somente porque temos uma mente independente que somos capazes de sobreviver.

Na antiga Atenas, as escolas eram empresas privadas, e os pais podiam escolher entre os professores de acordo com o preço que podiam pagar. Essa cultura escolar ateniense levou ao surgimento da primeira civilização verdadeiramente humana - veja sua literatura, ciência, arte e filosofia, que ainda estudamos com prazer até hoje.

Esparta tinha um sistema escolar diferente: aqui o Big Brother dominava a sala de aula. As escolas eram, na verdade, uma espécie de campos militares: seu objetivo era produzir guerreiros, autômatos, homens capazes de seguir ordens e servir ao Estado como um rebanho unificado.

Em Atenas, os pais decidiam diretamente sobre todos os aspectos da educação dos filhos; em Esparta, o Estado decidia sobre a educação dos filhos.

Atualmente, não estudamos nenhuma literatura, ciência, arte ou filosofia espartana. Por um motivo simples: eles não as originaram.

O que surgiu foi uma cultura de governo autoritário e endeusamento do Estado. A Esparta militarista acabou destruindo a Atenas democrática. Platão então elogiou a eficiência brutal do sistema espartano, que conseguiu criar um rebanho sem um único pensamento independente. Platão basicamente imitou o modelo espartano em sua obra *República*. Ele concluiu que "não se pode confiar na educação dos pais. O bem-estar do Estado exige que a procriação, a criação e o ensino das crianças estejam sob controle público".

As lições de Esparta e de Platão foram cuidadosamente observadas por todos os autoritários e coletivistas em quase todos os séculos. As escolas públicas na Prússia, na Alemanha nazista, na Rússia soviética, na França revolucionária e as escolas religiosas dos anglicanos ingleses, dos luteranos alemães e dos jesuítas franco-espanhóis aprenderam com os métodos espartanos. Os jesuítas buscavam criar jovens que fossem cegamente obedientes ao papa. Sua doutrina era bem conhecida: "Dê-me uma criança com menos de sete anos de idade e eu lhe mostrarei um homem..."

Na educação tcheca contemporânea, é necessária a memorização de fatos inúteis. Não surgirão atenienses, apenas espartanos que estarão sempre procurando manuais sobre como fazer o quê de acordo com a prescrição.

Estou fascinado com o fato de que ninguém na República Tcheca está questionando isso. Ninguém diz em voz alta: sim, em nossas escolas estamos apenas memorizando, isso não é estudo de verdade. Por que todo mundo está calado sobre isso?

Se quase todo mundo sabe que o sistema é arcaico e que é uma ditadura dos professores (especialmente a ditadura dos exames de admissão, que exigem a memorização de dados sem sentido em vez da compreensão do material), por que as pessoas aceitam essa prática ruim? Será que é porque aprenderam a ser passivas na escola?

---

21. 11. 2002

Arma proibida: palavras

Fabiano Golgo

Impedir alguém armado de entrar na República Tcheca é legítimo. Entretanto, impedir alguém de entrar no país porque tem "material promocional" contra a OTAN é exatamente o tipo de censura que o sistema comunista praticava contra o *samizdat*. Impedir que manifestantes destruam lojas, carros ou esmaguem a cabeça de policiais faz parte do trabalho da polícia (desde que o façam

estritamente de acordo com a lei e sem muita violência).
Mas interferir contra material escrito é simplesmente
censura da pior espécie, como a praticada na China ou no
Irã.

Eu me oponho veementemente aos atos de violência que
vêm não apenas da polícia, mas também dos chamados
grupos antiglobalistas e extremistas que são imaturos
demais para entender que, embora sua raiva possa ser
justificada até certo ponto, explosões, arremesso de pedras,
quebra de janelas e outras agressões são completamente
contraproducentes.

A repórter Lenka Kučerová argumenta que, sem as ações
violentas, os manifestantes não teriam aparecido na mídia.
A mídia imprime ou transmite qualquer coisa que pareça
interessante na tela ou na imprensa. Se os manifestantes
estivessem mostrando a bunda, receberiam toda a
cobertura da TV do mundo, com uma pequena diferença: o
chamado cidadão comum, que não se importa com a
OTAN ou com o FMI, simpatizaria com eles.

Eu vi o que o FMI fez com vários países da América do
Sul, inclusive com a Argentina. No entanto, sei muito bem
que os funcionários do FMI não se importam em jogar os
dados. Eles saíram de Praga em 2000, impassíveis, física e
ideologicamente, exatamente como resultado das brigas de
rua.

Precisamos conquistar a simpatia do público expondo o
que os manifestantes consideram prejudicial nas
instituições contra as quais estão se manifestando. É
necessário expor o fato de que o FMI está emprestando
dinheiro a governos corruptos na África e na América do

Sul, que os políticos desses países estão fazendo o que querem com o dinheiro e que a população tem de pagar por isso.

Quando a Sra. Novak vê homens mascarados e coquetéis molotov, ela os vê como criminosos, terroristas, extremistas. Ela esquece o que pode ter contra a OTAN ou o FMI (se é que tem algo contra eles) e vê apenas o vandalismo que a incomoda. Uma boa oportunidade de explicar seus argumentos contra instituições como a OTAN é então perdida e substituída por imagens horríveis de batalhas de rua.

Supostamente, slogans, teatros nas ruas e assim por diante não aparecem nas manchetes. Mas qual é o objetivo de acionar as manchetes negativas do dia?

Se você quiser mudar o mundo, entre nas esferas de poder e faça isso a partir daí. Faça parte da mídia para poder influenciar a opinião pública. Torne-se um político, um padre, um astro do rock, um cineasta, um policial. Caso contrário, você só estará prejudicando seriamente a imagem daqueles que querem mudanças e o fim do abuso de poder e dinheiro.

Aqueles que protestaram no passado estão no poder hoje. Eles tomaram o poder daqueles que os oprimiram e agora estão repetindo o que seus antecessores fizeram. Eles enviam a polícia contra aqueles que se atrevem a pensar de forma diferente da linha oficial.

As violações dos direitos humanos na União Soviética provavelmente eram mais flagrantes e grosseiras do que a situação nos EUA, mas o fato é que todos devem ter o direito de pensar o que quiserem e de dizer isso em voz alta. Os poderes atuais poderiam usar um pouco de Voltaire.

Ações "preventivas" são absurdas, é uma perversão na aplicação da lei. As autoridades devem agir contra atos ilegais específicos, não brincar de Nostradamus e fingir que qualquer pessoa que diga algo que a torne diferente das outras quer cometer atos violentos. Todos devem ser considerados inocentes até que se prove o contrário.

Repito: isso acontecerá. Até lá, nenhuma autoridade tem o direito de imaginar que os argumentos a favor ou contra de alguém levarão a atos de violência. Gritar seus pensamentos na rua não pode ser considerado um crime.

A maioria dos chamados antiglobalistas não consegue nem mesmo cometer atos de violência. No entanto, um grupo pequeno, mesmo que insignificante, dos violentos mais extremistas, pode desacreditar a todos e a toda a causa.

Até o momento, as cenas de 2000 não se repetiram. Se elas se repetirem, terão o mesmo efeito sobre presidentes e generais: zero. No final, pode ser verdade que as autoridades que proíbem a entrada de pessoas com material "subversivo" no país estejam certas: as palavras são perigosas. Mais do que pedras.

Newsweek, Mediář e Fabiano Golgo

Fabiano Golgo

Fabiano Golgo esclarece a especulação sobre a futura revista Newsweek, conforme publicado no Mediář de Miloš Čermák.

Em primeiro lugar, a Newsweek nunca entrou em contato comigo, mas fui abordado por uma empresa de consultoria na Grã-Bretanha que obteve meu nome da Carnegie Foundation/Columbia University, para a qual eu havia escrito várias análises de mídia no passado. Eles estavam interessados em todos os aspectos da possibilidade de investir na criação de uma versão tcheca da Newsweek. Eu me reuni com eles várias vezes e - não, nunca tive interesse em me tornar consultor deles porque gerencio 11 revistas na Mladá fronta, a.s. e não vejo razão para deixar minha posição de Publisher e Diretor Geral apenas para me tornar consultor em algum lugar.

Pessoalmente, sou contra a ideia de que um semanário de notícias seja propriedade de estrangeiros - especialmente americanos, com sua tendência de espalhar seu evangelho para os "nativos" de maneira missionária. Portanto, se for verdade que a Axel Springer Prague enviou seu emissário ao número 251 da West 57th Street, ela jogou seu dinheiro pela janela.

Preparo muitas análises de mercado para empresas de mídia estrangeiras e agora posso dizer ao público tcheco que a segunda maior editora de Portugal está prestes a entrar no mercado tcheco com vários títulos. Ela possui, por exemplo, a versão em português do semanário de notícias alemão Focus.

E outra editora, de propriedade de tchecos, terá um semanário de notícias pronto para publicação em outubro. Vou ser o Editor-Chefe. Será um semanário com opiniões fortes, usará um novo formato, será mais ousado e menos politicamente correto. Sem dúvida, isso causará alarme no mercado. O investimento será de cerca de dois milhões de euros e a revista pode não dar lucro nos dois primeiros anos.

A revista terá 120 páginas, em formato A4, o mesmo que a Reflex. Muitos jornalistas da Lidové noviny, que se dizem insatisfeitos com a administração cautelosa de Veselin Vacek, já falaram comigo para integrar nossa redação.

Dois novos títulos americanos de estilo de vida também estão sendo discutidos, e um dos títulos franceses mais conhecidos do mundo deve chegar ao mercado tcheco em dezembro. Será uma grande surpresa para as pessoas da mídia ver quais pessoas dos meios de comunicação existentes se mudarão para os novos empreendimentos.

Mas eu não vou para a Newsweek. Vou ficar aqui onde estou.

Leni Riefenstahl: era mesmo uma nazista ou apenas uma alemã típica de sua época?

Fabiano Golgo

Devemos condenar os grandes pintores que foram financiados pela família Médici, ou as obras-primas de Eisenstein, porque eles ajudaram a glorificar os ideais e as versões da realidade propagadas pelos regimes despóticos? Devemos rejeitar Rafael e Michelangelo porque eles pintaram para uma igreja que queimou Jan Hus e matou muitos não cristãos durante as Cruzadas? O escritor argentino Jorge Luís Borges deve ser varrido para debaixo do tapete porque colaborou com a ditadura militar de seu país? Devemos suprimir o Mickey Mouse porque Walt Disney ajudou e foi cúmplice do macartismo? O fato de Charlie Chaplin ter apoiado o stalinismo destruiu sua genialidade?

Um artista deve ser julgado por aquilo em que acredita?

Ela viveu por mais de um século. Na segunda-feira, seu coração "simplesmente parou", conforme anunciou seu parceiro muito mais jovem, Horst Kettner.

Leni Riefenstahl nasceu em 22 de agosto de 1902 em Berlim. Ela foi uma das figuras mais polêmicas da história do cinema - mas não apenas da história do cinema. Poucas pessoas duvidam que Riefenstahl tenha sido uma daquelas artistas extraordinárias e brilhantes que contribuíram substancialmente para o desenvolvimento da linguagem da sétima arte nos 108 anos desde aquela histórica exibição organizada pelos irmãos Lumière no Salon Indien, no Grand Café, em Paris, em dezembro de 1895. No entanto, a controvérsia em torno de Leni nunca cessou, devido aos seus laços estreitos com o Terceiro Reich de Hitler.

"Alguém tinha que ser acusado e difamado, e eu fui escolhida porque fiz o filme perfeito." Frase dela para mim, numa entrevista para a revista Redhot.

Ela não foi condenada no julgamento de Nuremberg, mas não escapou da condenação moral de críticos e historiadores.

Os filmes de Leni Riefenstahl levantam questões sobre o compromisso ideológico do artista. Especialmente se o artista estiver do lado "errado", o que é sempre uma questão de onde se está olhando.

No entanto, alguém já percebeu que, se a celebração da beleza associada ao nazismo por Riefenstahl é errada, o mesmo argumento não deveria ser usado contra todo o setor de publicidade? Ou, por exemplo, contra Vladimir Zelezny e suas loiras "atraentes" que leem as notícias na TV, seguindo o modelo americano? Ou contra a maioria dos CEOs e suas secretárias que foram contratadas não por serem capazes e inteligentes, mas por terem pernas atraentes? Ou contra os designers de moda ou editores-chefes de revistas de moda?

O culto à perfeição física não foi inventado por Adolf Hitler, ele apenas o levou a extremos. Antes de Hitler, Hollywood já fazia isso. E, nem precisamos mencionar, os gregos antigos.

Leni era um produto de sua época e de seu ambiente.

Conheci Leni Riefenstahl em 2000, na Feira do Livro de Frankfurt. Seis meses antes, aos 97 anos de idade, ela havia quebrado costelas em uma viagem de aventura de helicóptero. Mas ela tinha vindo para anunciar uma nova biografia fotográfica, chamada *Five Lives*.

Ela veio sozinha, usando muita maquiagem no rosto e com o cabelo tingido de loiro. Ela foi cercada por fotógrafos por vários minutos antes que os organizadores controlassem o número de jornalistas e a entrevista começasse. Ou, mais precisamente, o choque começou: os jornalistas se dividiram entre os que a culpavam e os que a elogiavam: "As revistas estão mentindo sobre mim há cinquenta anos", ela reclamou. "Antes da guerra, ninguém me disse que eu era nazista e criminosa"; ou "Se Hitler tivesse conseguido o que queria, os atletas negros que venceram em Berlim não estariam no filme"; "Trabalhei para Hitler por apenas sete meses, mas se soubesse que isso afetaria os próximos 70 anos da minha vida, não teria feito isso"; "Eu teria preferido ir para os EUA e ganhar a vida como atriz".

Esses jornalistas furiosos, agressivos e comprometidos apenas provaram que as respostas de Leni Riefenstahl eram muito menos importantes do que a necessidade de não perdoá-la por seu talento, porque seu talento ajudou a Alemanha nazista a glorificar seu mal.

Riefenstahl começou como dançarina. Ela era bonita e atlética - tinha tudo o que o admirador de beleza Adolf Hitler poderia sonhar em uma mulher (ariana). Ela foi atriz nos filmes de montanha de Arnold Franck. Estreou como diretora em 1932, aos 30 anos, quando fez From the Blue

Light, baseado em um roteiro que escreveu com o teórico Béla Balasz.

Hitler ficou tão impressionado com as qualidades plásticas e dramáticas do filme que, dois anos depois, confiou a Leni a realização de Triunfo da Vontade.

As primeiras tomadas desse filme formam uma parte importante da história. Um avião rasga as nuvens, trazendo um "embaixador" dos céus para o povo alemão, conduzindo os alemães ao seu destino infeliz. Em Nuremberg, Hitler desce do avião e é saudado por uma multidão entusiasmada de nazistas, filmada com a cinematografia única e requintada de Riefenstahl.

Dois anos depois, Leni comandou um esquadrão de câmeras (mais de 40) que registrou a controvérsia nos Jogos Olímpicos de Berlim. Ela filmou de maneira muito criativa, desenvolvendo novas técnicas estéticas e usando perspectivas e planos incomuns.

Seus pontos de vista nunca antes vistos se tornaram mais tarde uma parte clássica do inventário do cinema e da televisão ao filmar vários eventos. Nunca antes o cinema havia celebrado o corpo humano dessa forma.

Após a queda do Terceiro Reich, ela ficou presa de 1945 a 1948, acusada de ter participado da propaganda nazista.

Em 1954, ela tentou reviver sua carreira cinematográfica com Tiefland, mas o filme não teve muito sucesso.

Leni viajou então para a África. Ela queria fazer uma série de documentários sobre as últimas tribos selvagens. O filme nunca foi feito, mas sua viagem produziu dois belos álbuns de fotos que novamente celebravam a beleza, dessa vez dos núbios africanos extremamente negros e não arianos.

O que a maioria de seus críticos esqueceu foi que, durante as Olimpíadas de Berlim, o circo do exército que celebrava a superioridade ariana foi desmantelado quando Jesse Owens, um americano negro, quebrou todos os recordes e destruiu o mito da superioridade do super-homem viking. Leni também celebrou com sua câmera a musculatura desse corpo negro, capaz de correr como o vento e silenciar um estádio cheio de nazistas e um Hitler enojado.

Muitas décadas depois, ela buscou o som do silêncio ao filmar debaixo d'água e provou que, mesmo com idade avançada, ainda era um gênio.

Leni nos deixou e, infelizmente, não teve a oportunidade adequada de mostrar mais do que seu gênio era capaz, devido ao mito que foi criado em torno dela após a guerra. Tudo o que ela fez, ela fez de forma diferente e original, por isso seria interessante ver as maravilhas que ela poderia ter proporcionado ao mundo do cinema se não tivesse sido condenada ao ostracismo e ferozmente.

As supostas inovações de câmera encontradas em Cidadão Kane, de Orson Welles, baseiam-se principalmente nos tipos de tomadas usadas por Riefenstahl muitos anos antes. Welles deve ser creditado pela maneira como desenvolveu sua história, não por sua cinematografia original.

Leni se foi e suas obras-primas são tabu, raramente exibidas na Europa e nos Estados Unidos. É uma pena.

Talvez, assim como os mestres de épocas muito anteriores que eram financiados por déspotas, Riefenstahl acabe retornando ao mainstream e seja aceita.

Ela esperou 101 anos por isso, mas não foi o suficiente. Descanse em paz, Leni.

24. 9. 2003

Mais uma vez Riefenstahl: qual é a essência e a função da arte?

Fabiano Golgo

Jan Paul argumenta de forma muito sucinta em seu artigo sobre moralidade e arte. Mas podemos ir além na discussão: que reivindicações uma obra de arte pode fazer sobre nós? Obras literárias e artísticas são criações humanas feitas para nosso prazer. Sim, porque o admirador da arte realmente só a percebe por prazer, por uma série de razões. O argumento de que a cultura não é para entretenimento é falso: a cultura é entretenimento para talvez uma pequena minoria de pessoas, mesmo que não seja o entretenimento leve dos "produtos de massa" produzidos para o público em geral.

Não há dúvida de que muitas obras de arte e literatura transmitem informações, oferecem orientação moral ou contêm argumentos políticos. Por outro lado, ser prazeroso, ser para o prazer, é uma condição necessária, mas não suficiente, para a produção de uma obra de arte. A segunda condição necessária é que algo tenha sido criado com um propósito e, portanto, uma forma tenha sido criada.

Quem se daria ao trabalho de ler um romance, assistir a um concerto ou visitar uma galeria de fotos se não fosse por prazer e entretenimento?

Os argumentos morais explícitos eram especialmente populares no século XIX. Estátuas representando santos ou heróis, ou imagens abstratas de amor e sabedoria espiritual. Imagens que retratam histórias de heroísmo e amor verdadeiro. Na literatura, os argumentos morais eram expressos, por exemplo, como é virtuoso amar ou como a guerra é sem sentido. Poetas como Rilke chamaram nossa atenção para figuras ideais, como Francisco de Assis, a quem deveríamos imitar.

Que relevância moral têm as características básicas de uma obra de arte?

A principal característica da arte, ou seja, o fato de que somente a arte é para o prazer, enfatiza a diferença entre arte e moralidade. As distinções entre o belo e o bom, entre a estética e a ética, são irrelevantes para o artista. A apreciação artística é uma coisa; o julgamento moral é outra bem diferente.

Tanto a estética quanto a ética se baseiam em avaliações que, em última análise, não se baseiam em sentimentos ou experiências. Certamente evocam certos sentimentos em nós quando, por exemplo, ficamos impressionados com um pintura ou horrorizados com a crueldade.

Também usamos naturalmente a experiência, pois temos de ver a imagem e registrar seus detalhes, assim como fazemos quando testemunhamos um ato cruel. Mas a avaliação de uma obra de arte e de um ato moral ou imoral se baseia em outra coisa. Se não gostarmos de matar tanto quanto alguém não gosta de becherovka, ou se soubermos que, se matarmos alguém, acabaremos na cadeia e a becherovka nos dará dor de cabeça no dia seguinte, isso não constitui um julgamento moral.

Da mesma forma: preferir programas de TV populares a Shakespeare, mesmo que isso esteja associado à informação de que muitas pessoas têm o mesmo gosto, não é um julgamento estético.

Portanto, podemos dizer que Triunfo da Vontade, de Leni Riefenstahl, é uma obra de arte, mas que seu conteúdo era imoral - isso foi descoberto mais tarde.

É claro que podemos analisar a questão mais a fundo e lembrar que julgamos Hitler e a Alemanha nazista dessa forma apenas em retrospecto, porque sabemos o que não era conhecido quando Triunfo da Vontade foi feito - não havia conhecimento dos campos de concentração e da guerra naquela época.

Quando Riefenstahl fez esse filme, Hitler não personificava os campos de concentração e a guerra. Ele era, sem dúvida, um homem violento cujos princípios se baseavam na violência e no racismo, mas isso era comum. O preconceito contra os judeus não foi algo inventado por

Hitler, ele apenas o explorou. E isso só funcionou porque o cidadão alemão médio já tinha opiniões semelhantes sobre os judeus, que, a propósito, eram típicas em quase toda a Europa.

Triumph of the Will procura mostrar não um assassino de judeus ou um futuro guerreiro, mas o salvador da nação alemã. E por que Leni e milhões de outros alemães precisavam de um salvador? Porque os alemães sentiram que haviam sido alvo de perseguição após a Primeira Guerra Mundial. Eles passaram por anos de dificuldades econômicas, em parte como resultado das reparações que a Alemanha teve de pagar a outros países europeus. Sua derrota em 1918 criou um sentimento de humilhação total para a cultura alemã e uma perda de autoestima.

Hitler - e a admiração de Leni e de muitos outros pelo que ele representava - tornou-se a personificação do que aquela nação precisava: alguém que lhe devolvesse a autoestima. Os alemães, como a maioria das nações da Europa, se consideram melhores do que seus vizinhos. Só que Hitler lhes trouxe uma solução que horrorizou o resto do mundo. Riefenstahl, como todos que amavam Hitler antes da guerra, não apoiava o extermínio dos judeus nem a invasão de outros países. Isso aconteceu muito mais tarde. Se ela tivesse feito seus filmes depois que se tornou bastante óbvio o que o Terceiro Reich significava, então seria apropriado condenar suas escolhas - não sua arte.

Por exemplo, os filmes americanos geralmente refletem os preconceitos e as políticas da Casa Branca. Os discursos de Bush após 11 de setembro de 2001 contêm muitos elementos de nacionalismo, racismo, fanatismo religioso e até mesmo fascismo (e não foram apenas discursos, mas até mesmo leis que foram aprovadas após os ataques terroristas). Muitos atores americanos endossaram as opiniões de seu presidente. Devo rejeitar Harrison Ford, que interpretou perfeitamente no filme Indiana Jones, só porque ele apoiou o ataque ao Iraque?

A maioria dos americanos (que também apoiou o ataque contra o Iraque) deveria condenar Susan Sarandon e Sean Penn? Eles são um bom exemplo da distinção que devemos fazer entre o trabalho que criaram e suas ideias. Muitos filmes de Hollywood adotam uma postura discriminatória contra os árabes; a maioria deles apresenta os árabes apenas como terroristas ou muçulmanos fanáticos, o que não reflete em nada a realidade árabe...

Triunfo da Vontade tornou-se o modelo perfeito de como fazer filmes de propaganda, mas o objetivo da autora não era fazer um filme de propaganda. Os alemães estavam procurando um messias para resgatá-los da posição humilhante em que haviam sido jogados à força depois de perderem a guerra.

Na prática, provavelmente seria difícil rastrear e desembaraçar as cadeias causais nos filmes de Leni Riefenstahl. O que é absolutamente indiscutível, no entanto, é que uma nova arte, um corpo de trabalho único, foi criado a partir de seus filmes, algo que nunca havia sido criado antes. Ela criou com sucesso uma nova forma de filme documentário, quer tenha sido usado para propaganda ou não.

Repito que Rafael estava pintando propaganda para o cristianismo, o que não significa nada para mim. Não acredito nos contos de fadas da Bíblia e suas pinturas são apenas propaganda desses contos de fadas, que foram explorados em uma tentativa de impressionar os fiéis e impor a eles a ideologia da Igreja, a compreensão católica da perfeição do comportamento humano ou da moralidade, de acordo com Jesus e outros "profetas".

Tanto Riefenstahl quanto Rafael criaram com sucesso uma estrutura formal capaz de comunicar um determinado conteúdo. Conteúdo, comunicado sem atenção à forma - apenas comunicando informações. Se o conteúdo comunicado tiver forma, ele é obviamente artesanal. Se o conteúdo for comunicado por meio de uma forma que não existia antes, é arte.

O objetivo da estátua de Apolo, como muitas estátuas da Grécia antiga, era mostrar a perfeição da beleza humana. Deve ficar claro que a perfeição não é suficiente como ideal moral. No campo da arte, ela pode ser suficientemente especificada como forma, harmonia, alcance de metas ou desempenho funcional. A cor certa no lugar certo, a palavra certa na ordem certa são importantes. As obras de arte comunicam e representam.

O prazer de uma obra de arte se baseia na capacidade de reconhecer que o esforço empregado em sua criação foi bem-sucedido. Um par de sapatos que na verdade não olharíamos se torna extraordinário em uma pintura de Van Gogh. O que é, na melhor das hipóteses, remotamente interessante em uma prosa desprovida de imaginação pode se tornar uma experiência extraordinária em uma poesia elegante.

A perfeição não é um objetivo adequado da moralidade porque deixa sem resposta a pergunta: perfeição em quê? É bem sabido que o mesmo problema está envolvido nos experimentos de eugenia humana realizados pelos nazistas. Por que deveria ser proibido criar seres humanos perfeitos quando criamos cavalos de corrida velozes ou porcos magros...?

A perfeição só coincide com a perfeição moral na medida em que inclui as capacidades humanas que consideramos vitais para sermos humanos. As definições de homem, como a de que ele é um ser racional, não são apenas descritivas, mas prescritivas. A arte pode fazer essa seleção, mas não necessariamente o faz em todos os casos. Não é tarefa das esculturas ou dos poemas nos dizer o que melhorar em nós mesmos.

Tampouco uma escultura costuma nos impressionar de tal forma que queiramos nos tornar escultores, ou um poema de tal forma que queiramos nos tornar poetas - a menos que essa tendência já esteja em nós de antemão. Se ficarmos impressionados com um excelente desempenho no teatro, isso não significa que vamos querer nos tornar atores.

Leni pode ter ajudado a difundir a imagem de Hitler como uma figura divina, mas não é verdade que ela tenha consentido conscientemente com os horrores que ocorreram no final daquela década. Como a maioria dos alemães que sentiam raiva de seus vizinhos e também - como as pessoas em quase todos os lugares durante séculos - não gostavam de judeus. Mas eles não levaram à criação de campos de concentração.

12. 12. 2003

O Vaticano: outra máfia italiana?

Se a Igreja Católica não se encaixa na descrição de crime organizado, então não sei quem se encaixa...

Fabiano Golgo

Maine, New Hampshire, Boston, Providence, Nova York, Cincinnati, Chicago, Dallas, São Petersburgo, Oregon e Los Angeles estão enfrentando alegações de abuso sexual e esforços para encobrir seus rastros. Um bispo de alto escalão na Irlanda pediu demissão. Um bispo polonês que já trabalhou no Vaticano como conselheiro do Papa está sendo investigado. E estão surgindo acusações na Sicília. Um bispo francês recebeu uma sentença suspensa por não ter denunciado um padre pedófilo. E, na Bélgica, um cardeal foi condenado em 1998 pelos crimes de pedofilia, embora a decisão tenha sido anulada em uma apelação.

Os escândalos que abalam a Igreja Católica incluem uma ampla gama de atos sexuais, sendo os mais notórios a pedofilia e o estupro. Mas, sob a superfície, escondem-se outras transgressões que talvez sejam ainda piores: o abuso de confiança por parte do clero, o encobrimento de rastros e o engano perpetrado por bispos e cardeais.

Tanto os que acreditam quanto os que não acreditam podem se conformar com a triste verdade da fraqueza humana. Mas o que não é mais tão compreensível para as pessoas de bom senso e boa vontade é a corrupção institucional generalizada na Igreja que permitiu que essas coisas terríveis acontecessem, impunemente.

O relatório, que mostra que os bispos católicos receberam ordens diretas do Vaticano para encobrir abusos sexuais sob ameaça de excomunhão, questiona a alegação da Igreja de que está combatendo o problema.

O que é ainda pior é que o documento tem o selo de João XXIII, um dos papas mais populares dos tempos modernos, e que exige o mais estrito sigilo ao lidar com a pedofilia dentro da Igreja... Esse documento oficial, escrito em latim e endossado pelo Vaticano, deu instruções bastante precisas aos bispos de todo o mundo. O documento de 69 páginas, que agora veio à tona, tem a assinatura do papa e prova, sem sombra de dúvida, que a Igreja Católica encobriu sistematicamente os casos de abuso sexual por parte de seu clero.

A data - 1962 - indica que esse tipo de abuso não é uma questão dos dias atuais, como a liderança da Igreja tenta alegar. O silêncio pode parecer uma obrigação em casos tão delicados, mas os advogados das vítimas argumentam que a Igreja está usando o silêncio para encobrir atos criminosos que a sociedade tem o direito inquestionável de investigar.

Até o momento, o comportamento repreensível dos líderes já custou à igreja mais de um bilhão de dólares somente nos Estados Unidos. A Igreja Católica Romana nos EUA afastou 218 padres no ano passado em decorrência de alegações de abuso sexual, mas pelo menos 34 perpetradores continuam a ocupar cargos na igreja. Desde a década de 1960, pelo menos 850 padres americanos foram acusados de abusar de menores, mas apenas 350 foram afastados até agora neste ano (menos os 218 deste ano, o que significa que 130 padres foram disciplinados em 30 anos).

A Igreja Católica tem uma renda anual de US$ 7,5 bilhões. Ainda mais significativo é seu vasto patrimônio imobiliário, que inclui tudo, desde catedrais e escolas até propriedades à beira-mar, mansões, campos de golfe e estações de rádio e televisão. Os ativos da Igreja Católica Romana excedem os ativos combinados das gigantes americanas Standard Oil, AT&T e U.S. Steel. As "subsidiárias" corporativas, como a Angelus, Inc., eram essencialmente holdings da Igreja que administravam propriedades e negócios lucrativos e faziam doações para a mamon secular. E tudo isento de impostos sobre a propriedade.

Muito já foi escrito sobre os papas e seus atos "malignos", mesmo nos registros históricos católicos. Houve, por exemplo, Alberto, de 1101; Anastácio, de 855; Bento IX (papa de 1032 a 1044) e até Joana, na verdade uma mulher chamada Joana, que se casou com um homem, recebeu o cargo de papa e ainda teve um filho.

O Papa Pio II declarou que Roma era "a única cidade governada por parchanters" (filhos de papas e cardeais). Os papas tiveram amantes de 15 anos, cometeram incesto, tiveram muitos filhos e alguns até foram mortos (por maridos ciumentos) no próprio ato do adultério.

Em uma época, eles nem mesmo praticavam o celibato na Igreja. Não há nem mesmo uma lista completa de papas e, ao longo dos anos, alguns nomes foram removidos e substituídos por outros. Em um determinado momento, havia até quatro papas no cargo e um excomungou o outro. Na época, nem mesmo os fiéis sabiam quem apoiar.

Alberto Luciani, o Papa João Paulo I, morreu ou foi assassinado em algum momento entre as 21h30 de 28 de setembro e as 4h30 de 29 de setembro de 1978, quando seu corpo foi encontrado. Sabe-se que Luciani, naquela época, já sabia das intrigas financeiras nas quais o IOR estava envolvido e que pretendia "colocar as coisas em ordem" e remover o Arcebispo Marcinkus e até mesmo terminar suas relações com Roberto Calvi, Liccio Gelli e Michael Sindona. Sabe-se também que o papa que o substituiu, Karol Wojtyla como João Paulo II, tinha relações estreitas com todos esses homens, manteve Marcinkus no cargo e manteve a "Vatican Ltd." operando como antes. continuasse operando como antes.

Sabe-se também que os planos para apoiar Wojtyla foram, no mínimo, facilitados por Ortolani, que permitiu que os membros da Cúria e outros membros da elite do Vaticano que apoiavam o plano se reunissem em seu palácio.

O Papa João Paulo II pode morrer em breve. Qual é o procedimento para escolher o 264º sucessor de São Pedro?

De acordo com a tradição, o Vaticano não fala sobre a eleição de um novo papa enquanto o pontífice atual estiver vivo. Mas, como João Paulo II está sofrendo os efeitos do mal de Parkinson avançado e de seis procedimentos cirúrgicos, as especulações sobre seu sucessor circularão pela Praça de São Pedro como nunca antes. Não há nenhum candidato anunciado especificamente, mas a campanha para a eleição mais vigiada em breve atingirá um novo patamar - será apenas muito, muito silenciosa.

De acordo com a tradição secular, o Sacro Colégio de Cardeais é o único envolvido na eleição. Tecnicamente, o Colégio deve consistir em um máximo de 120 cardeais, mas João Paulo II quebrou um pouco essa regra ao nomear mais alguns. De 15 a 20 dias após a morte do Papa, os cardeais se reúnem na Capela Sistina para uma reunião secreta chamada conclave. Lá, eles recebem tiras de papel decoradas com a inscrição em latim "Eligo in summum pontificem" - ou "Eu elejo como Pontífice Supremo".

Cada cardeal escreve no papel o nome de um dos cardeais que gostaria de ver no trono papal e coloca a cédula de votação no cálice. (Embora tecnicamente você possa votar em qualquer homem católico, os cardeais, quase sem exceção, sempre votam em outros cardeais). Um cardeal não pode votar em si mesmo. E ainda há a regra, instituída pelo Papa Paulo VI em 1975, de que os cardeais com mais de 80 anos não podem participar da votação.

Os votos serão tabulados pelo Cardeal-Comodoro, que é o chefe do Colégio e que cuida dos assuntos temporais do Papa. Em seguida, um assistente unirá as cédulas com uma agulha e linha. O vencedor deve receber mais de dois terços dos votos, portanto, não é muito provável que o vencedor seja decidido na primeira rodada de votação. Se a votação estiver empatada, as cédulas são misturadas com palha e queimadas na lareira. A fumaça preta da chaminé sinaliza para o mundo que a votação ainda está em andamento.

Nas eleições anteriores, a votação continuava até que um candidato recebesse dois terços dos votos. Entretanto, João Paulo II mudou essa regra em 1996 quando proclamou a *Universi Dominici Gregis*. Além de decidir que os cardeais deveriam residir na vizinha *Domus Sanctae Marthae* (Casa de Santa Marta) em vez das masmorras do Palácio Apostólico, o documento também especifica as circunstâncias particulares em que uma maioria absoluta é suficiente. Se a decisão não for tomada dentro de três dias, o conclave deve tirar um dia de folga.

Quando os cardeais retornarem, ele deverá votar no máximo 21 vezes, com intervalos para oração e discussão após a sétima, a décima quarta e a vigésima primeira escolhas. Nesse momento, os votos de uma maioria absoluta - ou seja, metade de todos os cardeais mais um extra - são suficientes para eleger um pontífice.

Uma vez tomada a decisão, as cédulas são queimadas sem palha, e a fumaça branca que sai da chaminé anuncia ao mundo que o novo papa foi escolhido com sucesso. Ao longo de mais de 2.000 anos, 264 papas reinaram e, nesse período, escreveram grande parte da história do mundo ocidental. Suas histórias ocupam cerca de 50 quilômetros de prateleiras nos arquivos secretos do Vaticano, que também abrigam alguns dos principais documentos da história ocidental.

Durante este ano, o Cardeal Dionigi Tettamanzi surgiu como um dos candidatos mais fortes. Ele já é considerado um papabile (é assim que os especialistas chamam alguém que tem as qualificações para se sentar no trono de São Pedro). Tettamanzi, 68 anos, subiu ao posto de liderança virtual depois que o Papa o transferiu de Gênova em setembro para chefiar a Arquidiocese de Milão, a maior do mundo.

Embora seja um tradicionalista no que diz respeito à doutrina, o corpulento Tettamanzi é considerado um negociador natural que tem poucos inimigos declarados entre os outros cardeais. O fato é que ele está na "lista de deficientes" não oficial. Ele tem a nacionalidade errada, e isso pode muito bem prejudicar suas ambições papais. Alguns especialistas do Vaticano acreditam que, ao tornar Wojtyla, um polonês, papa, a era dos papas italianos que ocuparam o trono por 450 anos acabou para sempre. "Os cardeais italianos podem tentar o quanto quiserem eleger alguém de seu meio", diz uma fonte informada, "mas não há um número suficiente deles".

E se um candidato de nacionalidade não italiana fosse escolhido, muitos acreditam que seria alguém da América Latina.

Na verdade, os cardeais das Américas Central e do Sul constituem a maior parte do eleitorado - 23 de 114 - enquanto apenas 18 são italianos. O fotogênico cardeal hondurenho Oscar Rodríguez Maradiaga é frequentemente mencionado como candidato por causa de suas conexões com o Vaticano e sua atenção aos oprimidos. Mas ele tem 59 anos e talvez seja jovem demais - muitos cardeais não querem outro João Paulo II no cargo, que reinou por muito tempo para o gosto deles. Os candidatos latino-americanos mais velhos são Cláudio Hummes, de São Paulo (68), e o negociador do Vaticano Dario Castríllón Hoyos (73), da Colômbia.

Outros candidatos da Cúria Romana são o italiano Giovanni Battista Re, chefe da influente Congregação dos Bispos, e o nigeriano Francis Arinze, chefe da Congregação do Culto Divino. Mas antes que qualquer um dos candidatos receba um apoio mais amplo, é preciso lembrar que já houve vários cardeais que, de acordo com os "especialistas", tinham uma boa chance de substituir João Paulo II, e ele sobreviveu a eles.

O assunto outrora tabu da renúncia do Papa agora está sendo discutido abertamente nos círculos do Vaticano. Embora isso seja possível de acordo com a lei da Igreja, ninguém renunciou ao pontificado desde a época de Gregório XII, no século XV.

---

12. 12. 2003

Solução brutal das ferrovias tchecas

Fabiano Golgo

Estima-se que existam cerca de 35.000 pessoas sem-teto na República Tcheca, aproximadamente 0,35% da população total. Quando 175 dos principais políticos do mundo foram ao Brasil para a famosa conferência sobre desenvolvimento e meio ambiente, mais conhecida como Rio 92, o então governador apresentou uma "solução" para acabar com a vergonha das cidades brasileiras "infectadas" pela falta de moradia.

As autoridades simplesmente gastaram US$ 700.000 para reunir todos os sem-teto do Rio, uma cidade de 10 milhões de habitantes, e levá-los para uma cidade a 60 km de distância. Não, eles não os abrigaram em nenhum lugar - eles simplesmente os jogaram na rua em uma cidade onde nenhuma delegação internacional vai.

Isso é semelhante ao que a Czech Railways está fazendo agora. Eles decidiram tomar medidas para garantir que os sem-teto não durmam ou passem a noite nas estações.

Sua explicação oficial é que a ČD não é uma instituição de caridade, mas uma sociedade anônima. É claro que eles se esqueceram de mencionar que o principal acionista é o estado tcheco. E que o Estado tcheco, mesmo não sendo uma organização beneficente, especialmente durante o governo social-democrata, tem o dever de cuidar dos sem-teto. E se o governo de Špidla acha que a solução é simplesmente levar os sem-teto para o frio e depois ter que pagar pela coleta e pelo enterro dos cadáveres congelados, então Špidla deveria mudar para outro partido político, porque esse é o tipo de abordagem que esperaríamos da direita. Afinal de contas, como Klaus disse uma vez, ele acredita que as pessoas que dormem nas ruas o fazem por sua própria escolha e vontade.

É claro que o Estado não pode simplesmente cuidar de todos que se encontram em tal situação. É claro que aqueles que trabalham duro e pagam impostos podem se sentir obrigados a sustentar os bêbados que não trabalham. Entretanto, também é dever do governo social-democrata garantir que haja leitos suficientes disponíveis, pelo menos no inverno, para as pessoas que se encontram nessa situação. Primeiro, porém, é necessário entender quem são os sem-teto e por que eles se encontram nas ruas.

No ano passado, dirigi uma revista chamada Nový Prostor, um semanal baseada em uma revista britânica semelhante chamada Big Issue, vendida por pessoas sem-teto; é um projeto que agora se espalhou por mais de 50 países em todo o mundo. Assim, fui "forçado" a aprender sobre os sem-teto. Eu nunca havia me interessado por moradores de rua antes na minha vida, até porque são tantos no Brasil que nem os notamos mais. Eu também achava que eles eram apenas alcoólatras ou viciados em drogas.

Errado.

É claro que há muitos casos de moradores de rua que estão nas ruas porque são alcoólatras. Mas a grande maioria dos moradores de rua tem um histórico muito diferente.

Fiquei chocado ao descobrir que mais da metade das pessoas que vendem nossa revista são casos para clínicas psiquiátricas. Essas pessoas não eram viciadas em drogas ou alcoólatras, eram simplesmente doentes mentais, sofrendo de doenças mentais incuráveis em sua maioria.

Fiquei horrorizado com o fato de a sociedade esperar que algumas dessas pessoas, crianças ou adolescentes totalmente retardados e com problemas mentais, se sustentassem sozinhas. É o mesmo que jogar seu filho de

10 anos na rua e esperar que ele sobreviva de alguma forma.

O problema é que as crianças só conseguem pensar como crianças, portanto, suas soluções, táticas e pensamentos não são desenvolvidos e não são qualificados. Elas podem sobreviver, mas nunca poderão se integrar à chamada sociedade normal. Elas sobrevivem, mas ficam nas ruas, mendigando ou roubando.

E então temos os famosos alcoólatras. Só que poucas pessoas percebem que muitos deles não eram alcoólatras antes de irem parar nas ruas. Foi a dura realidade de dormir nas ruas e não ter nenhuma satisfação na vida que os levou a afogar os horrores de suas vidas no álcool.

E depois, é claro, há as pessoas que realmente acabaram sem teto porque eram alcoólatras ou viciados em drogas e suas esposas, pais ou outras pessoas com quem moravam os jogaram na rua. Ou perderam seus empregos porque obtiveram qualificações no regime anterior que agora são obsoletas no novo sistema, e então começaram a beber. E, depois de algum tempo, foram expulsos de casa por seus parentes ou simplesmente perderam o apartamento porque não podiam pagar por ele.

De qualquer forma, a falta de moradia nem sempre é culpa dos próprios moradores de rua. Fatores externos podem desempenhar um papel importante.

Um exemplo específico é o de um dos meus melhores jornalistas. Não revelarei seu nome. Ele se feriu em um acidente de carro e ficou oito meses no hospital. Como resultado de um erro da polícia, ele foi dado como morto.

Assim que recebeu alta do hospital, ele começou a travar uma batalha que não podia ser vencida - com os funcionários. Todos entendiam seu problema, mas, infelizmente, não era da conta deles (alguém que já precisou da ajuda de um funcionário para resolver um problema está surpreso?) Ele não tinha direito nem mesmo à assistência social porque estava oficialmente morto. Ele não conseguia emprego pelo mesmo motivo. Ele acabou nas ruas.

A verdadeira solução é abordar os motivos pelos quais as pessoas se tornam sem-teto.

Muitos sem-teto são impedidos por barreiras substanciais de conseguir emprego, o que torna extremamente difícil sair da situação em que se encontram. E quando você está vivendo nas ruas, começa a desmoronar. Onde você pode lavar suas roupas? Quanto custa para tomar um banho? Que endereço você dá quando se candidata a um emprego?

Quando conversamos com pessoas sem-teto, geralmente ouvimos falar de alguma crise que as levou a perder a casa ou o apartamento. No caso de mulheres e adolescentes, uma das principais causas é a violência doméstica. A maioria das mulheres e crianças sem-teto foge da violência doméstica. E a maioria dos adolescentes em situação de rua foi abusada sexualmente e/ou fisicamente por um membro da família. Muitas crianças adolescentes também acabaram nas ruas porque seus pais não se importaram com elas. Eles falam sobre como seus pais os expulsaram de casa porque não podiam mais sustentá-los, ou falam sobre pais que estavam quase completamente ausentes de suas vidas.

Não queremos recompensar as pessoas por sua falta de responsabilidade, nem queremos criar dependência do Estado em indivíduos fisicamente capazes. Mas será que devemos punir as pessoas que são vítimas?

A adoção de práticas e leis que punem os sem-teto em vez de abordar os problemas que causam a falta de moradia é uma abordagem ineficaz. Punir as pessoas por dormirem em público, sentarem-se na calçada ou pedirem esmolas não levará a uma redução dessa atividade, nem fará com que os sem-teto desapareçam dos espaços públicos - quando eles não têm para onde ir ou sentar ou não têm nada para comer. Agora que não poderão dormir na estação, eles encontrarão outros lugares públicos.

Portanto, a solução adotada pela Czech Railways não é apenas cruel - no ano passado, mais de dez pessoas sem-teto morreram congeladas enquanto dormiam nas ruas - ela também é primitiva e ineficaz. Ela não resolve nada - apenas resolve o problema da própria Ferrovia Tcheca de não querer ver moradores de rua nas estações. Assim como o governador do Rio. Se a Czech Railways fosse uma empresa privada, então sim. Eles não teriam nada a ver com tudo isso. Mas ela é majoritariamente de propriedade do Estado...

15. 12. 2003

Confidencial. George Bush.

Fabiano Golgo

Nos dois primeiros anos do mandato de Bush como presidente dos EUA, sua administração classificou como confidenciais 44,5 milhões de documentos oficiais do governo. Esse é aproximadamente o mesmo número que o governo do presidente Clinton manteve em segredo durante todo o seu mandato, de acordo com dados oficiais da Casa Branca. As autoridades do governo Bush costumam justificar esse aumento do nível de sigilo com os ataques de 11 de setembro. Mas essa iniciativa começou no primeiro dia em que George W. Bush assumiu o cargo.

Nos últimos três anos, o governo Bush tem encoberto de forma discreta e eficaz muitas das principais operações do governo federal em um manto de sigilo, impedindo que suas decisões sejam submetidas a um exame independente e retirando do domínio público informações importantes sobre saúde, segurança e questões ambientais.

Bush aumentou o número de funcionários do governo que têm poderes para encobrir fatos. Isso agora inclui os secretários de Agricultura, Saúde e Serviços Humanos dos EUA e o administrador da Agência de Proteção Ambiental. Eles agora podem rotular seus documentos como *Secret* e, assim, evitar que sejam submetidos à crítica pública. Até agora, apenas os documentos relacionados ao trabalho dos órgãos federais na área de medidas de segurança eram tradicionalmente classificados como confidenciais.

Uma nova iniciativa do governo dos EUA essencialmente tornou inacessíveis muitas informações importantes sobre questões de saúde e segurança que afetam potencialmente milhões de americanos. Por exemplo, foram retidas informações sobre a qualidade da água potável e a vulnerabilidade das fontes de água, os possíveis perigos dos produtos químicos para as comunidades e a segurança das viagens aéreas e de outras formas de transporte.

Além dos casos altamente divulgados de suspeitos de terrorismo, o governo dos EUA tem usado repetidamente o princípio de "segredos de Estado", que permite que os advogados do governo exijam que os processos civis e criminais sejam encerrados sem provas ou argumentos adicionais. Os advogados nesses casos argumentam que a segurança nacional seria comprometida se as provas agora classificadas confidenciais fossem apresentadas ao tribunal.

Um jornal semanal americano escreveu que essa nova política do governo dos EUA prejudica a capacidade do Congresso de exercer seus poderes constitucionais, ou seja, a supervisão do poder executivo do governo. Em alguns casos, é até impossível obter informações básicas sobre o que o governo está fazendo. Um membro republicano, Dan Burton, de Indiana, ficou tão frustrado com a recusa da Casa Branca em cooperar com uma investigação específica que exclamou durante uma audiência: "O que somos nós, uma monarquia?"

Esperemos que os Estados Unidos ainda não sejam uma monarquia.

17. 12. 2003

No final, ele era um covarde

Pegaram-no como um rato - em um buraco, sujo, resignado e desorientado.

Fabiano Golgo

A maioria das pessoas estava convencida de que Saddam, o governante de ferro do Iraque, jamais seria capturado vivo. Ele se apresentava como um corajoso nacionalista árabe que nunca se curvaria a seus inimigos. Ele conclamou os iraquianos a lutar contra os americanos até o último suspiro e a se tornarem mártires de seu regime. Mas quando chegou o momento fatal, ele não apontou a arma para si mesmo, como muitos esperavam.

Saddam foi um covarde. Ele não atirou, não se matou e se rendeu sem lutar. Ele estava como um rato em um buraco e parecia um mendigo, como um homem das cavernas.

E assim o mito de sua invencibilidade finalmente se consolidou.

Provavelmente é prematuro pensar sobre o efeito que as imagens do ditador capturado terão sobre a opinião pública no Iraque e no resto do mundo árabe, mas já é seguro dizer que restam apenas fragmentos de sua imagem mítica. O homem que não hesitou em enviar seu exército para a morte em guerras sem sentido não disparou um único tiro em legítima defesa.

Um homem que costumava andar por Bagdá usando
chapéus e outros acessórios para a cabeça teve que se
submeter a um exame médico embaraçoso para verificar se
havia piolhos. Um homem que ameaçava os infiéis de
destruição finalmente fez um exame dentário, tudo isso na
frente das câmeras de TV. Nenhum ditador pode mais
inspirar medo depois que os orifícios de seu corpo são
examinados na televisão. Mas será que os árabes, que o
consideravam um herói, ficarão satisfeitos com a queda de
outro de seus heróis?

As imagens do outrora orgulhoso líder abrindo a boca para
um exame odontológico ficarão para sempre gravadas na
memória de todos os árabes.

Os árabes verão nisso não apenas a humilhação pública de
um déspota derrotado, mas também a vergonha pública de
outro árabe. O homem que elevou o Iraque à grandeza - o
país se tornou um estado árabe moderno cujo padrão de
vida, educação e forças armadas eram invejados por
muitos na região - por meio de sua capacidade de pensar
grande, também levou o país à ruína ao cometer grandes
erros. A guerra com o Irã, a invasão do Kuwait e um jogo
de fogo político internacional fracassado que provocou a
ira dos Estados Unidos - esses foram os legados que
Saddam deixou para sua nação destruída quando seu
regime caiu há oito meses.

Mas durante todo esse tempo ele ainda era um perigo,
embora estivesse fugindo. Os ataques contra as forças da
coalizão estavam aumentando o preço da vitória
americana, e alguns iraquianos, "sobreviventes" do antigo
regime sem lugar no novo Iraque, esperavam que a
instabilidade social oferecesse a Saddam alguma forma de

desferir golpes contra os americanos e outros que não durassem muito.

Nem mesmo as mortes dos filhos de Saddam, Uday e Qusay, ocorridas em julho, frustraram as esperanças de alguns em relação ao retorno do antigo regime. Mas quando Saddam se rendeu sem a luta a que havia forçado seus soldados anteriormente, seu jogo acabou e a retórica que lhe havia dado uma grandeza maior do que a vida terminou em ruínas.

Mesmo agora, ainda há problemas - há, por exemplo, o colaborador próximo de Saddam, Izzat Ibrahim al-Douri, que pode estar orquestrando diretamente ataques contra tropas estrangeiras. Mas Saddam agora está fora de cena, e algo fundamental mudou: o símbolo que personificava o passado recente desapareceu. E qualquer ideia de seu retorno também desapareceu.

Levará anos para desfazer a forma como Saddam conseguiu colocar árabes contra curdos e sunitas contra xiitas. A minoria sunita, acostumada a deter a maioria do poder no país, terá dificuldades para se adaptar ao novo compartilhamento de poder. E os xiitas terão de se acostumar com seu novo poder. E ainda há os curdos, que terão de se acostumar a viver em um Iraque que está deixando de ser um mero estado para se tornar uma nação de verdade.

É o melhor presente de Natal de todos os tempos para o presidente George W. Bush, disse um comentarista da CNN.

Tudo o que resta saber é se esse presente se refletirá na eleição presidencial de 2004 ou se chegou cedo demais para causar impacto. Também não está claro o efeito que a detenção de Hussein terá sobre o movimento de resistência, que parece ter vida própria.

Mas, pelo menos no curto prazo, Bush se beneficiará com a detenção de Saddam. Ele está sendo criticado por críticos nacionais e estrangeiros por causa da ocupação malfeita, mas seu governo pode agora promover a detenção de Saddam como prova de que a coalizão no Iraque está sendo bem-sucedida.

Antes da detenção, as autoridades dos EUA alegaram que o próprio Saddam nunca foi o alvo de seus esforços, apenas seu regime. Essa alegação nunca pareceu convincente porque era uma desculpa clara. O fracasso na captura de Saddam - ou de Osama bin Laden - sugeria que a máquina de guerra americana talvez não fosse tão poderosa quanto se dizia e que poderia até ser derrotada.

Saddam nunca foi o grande herói de todos os árabes que ele dizia ser. Agora ele foi despojado até mesmo dos resquícios de sua aura de poder e invencibilidade.

E a forma de sua captura foi, em última análise, adequada e justa.

14. 5. 2004

A salsicha é uma evidência de influência estrangeira anterior, Sr. Presidente...

Fabiano Golgo

Na República Tcheca, o presidente é apenas uma figura representativa, embora tenha certos poderes monárquicos, como conceder perdões, indultos e anistias, nomear o chefe do Banco Central e recomendar juízes constitucionais. Entretanto, a nação espera principalmente que o presidente a represente bem. E, em muitos aspectos, o presidente Klaus é, portanto, um símbolo muito mais preciso da nação tcheca do que Václav Havel.

Klaus é um hussita, enquanto Havel é um católico devoto. Como sabemos, o catolicismo foi imposto aos tchecos de cima para baixo, glorificado pelos monarcas austríacos. A verdadeira religião tcheca deveria ser aquela pela qual essa nação lutou, embora sem sucesso, pela prática cristã que se originou com Jan Hus.

Klaus foi um cidadão comum sob o comunismo que manteve a boca fechada para o bem de sua carreira, enquanto Havel não agiu como um tcheco típico, ele se opôs a um regime invencível.

Portanto, quando Klaus expressa seu chamado euroceticismo, ele está expressando os temores das pessoas comuns em relação a uma maior influência estrangeira no destino de sua nação.

Entretanto, quando decidiu teatralmente aderir à UE em Blaník, com todo o simbolismo que todos conhecem, ele cometeu um erro grave: comeu uma salsicha como se fosse um símbolo da nação tcheca. Ele esqueceu que, na verdade, era um símbolo de uma influência estrangeira anterior - as nações alemãs. Afinal de contas, a salsicha é tão tcheca quanto o goulash (o símbolo húngaro).

A propósito, nem mesmo os bolinhos de massa (knedlík) são realmente tchecos. Eu como eles no Brasil desde criança. Não em nenhum restaurante tcheco, mas em restaurantes chineses. Os bolinhos foram trazidos para a Europa por Marco Polo. Todos os meus visitantes do Brasil sempre exclamam quando os levo a um restaurante tcheco local: "muito bem, gostamos muito de pão chinês"...

Isso deve nos lembrar que raramente alguém conseguiu manter sua própria cultura pura, intocada por influências estrangeiras, porque todos nós somos o resultado de uma interação constante de diferentes culturas, desde o início da civilização. A globalização não é um fenômeno novo, apenas está mais rápida hoje em dia, devido à velocidade das comunicações e do transporte.

É uma fantasia supor que, de alguma forma, seria possível manter a cultura "pura", não contaminada pela influência estrangeira. O próprio Klaus é extremamente americanizado.

A recente tentativa (que fracassou) de fazer com que a mídia fale em linguagem escrita é mais uma prova da ingenuidade de como as pessoas pensam

O tcheco tem uma série de tempos e inflexões complexas e outras esquisitices que existiam até mesmo no inglês, hoje altamente simplificado (na época, era anglo-saxão e foi falado na Grã-Bretanha até 1066). No final do século 18, Josef Dobrovsky criou um tcheco com grafia artificial ao codificar um idioma ultrapassado do século 16. Até então, o tcheco comum, com terminações como "novho" e "dobrej", era considerado um idioma tcheco escrito sem sintomas. Leia livros anteriores a Dobrovsky, você encontrará isso lá. Se Dobrovsky não tivesse codificado uma forma arcaica do tcheco para a forma escrita do idioma, a declinação do tcheco escrito seria muito mais simples hoje.

Entretanto, os idiomas evoluem e é quase impossível evitar - especialmente com o advento das mensagens de texto e do e-mail - uma forma simplificada e liberalizada de se expressar. A ortografia também está se simplificando - nos Estados Unidos, agora é muito mais comum escrever "nite" em vez de "night" - noite. Há anos, a estação de televisão infantil Nickelodeon anuncia suas transmissões noturnas com o título "Nick at Nite". E ninguém está gritando "proteja nosso idioma".

Temos muito mais tempos verbais em português do que a mente tcheca ou inglesa pode compreender. (Além do pretérito geral, do presente e do futuro, também temos o pretérito imperfeito, o pretérito imperfeito, o quase perfeito, o mais que perfeito, o futuro do pretérito, o futuro do presente, o subjuntivo do pretérito, o indicativo do pretérito...) Não se pergunte, a maioria dos brasileiros usa apenas quatro tempos verbais, embora entendamos todos esses tempos quando um advogado, professor ou político os usa. O fato é que esses tempos verbais morrem. Eles ainda existem apenas na forma, não na realidade.

A tão temida influência dos países maiores da UE sempre será política, não cultural. Os italianos continuam sendo os italianos que sempre foram e não começarão a tomar chá às cinco só porque estão na mesma UE que os britânicos. Os franceses não são menos franceses só porque os alemães também estão na UE. Os únicos traços culturais que podem atravessar fronteiras são aqueles que, por algum motivo, se adequam aos destinatários em outra nação.

Há um filtro natural em todos nós, e é por isso que os espanhóis falam espanhol e não latim, embora o espanhol seja derivado do latim. A cultura local sempre vence. Os eslovacos não se tornaram tchecos quando a Eslováquia fazia parte da Tchecoslováquia. Os tchecos também não perderão sua *tchecidade* agora que a República Tcheca faz parte de uma estrutura em que há participantes muito mais fortes.

O fato de a UE estar implicando com o rum local não significa nada. A mesma UE proíbe muitos queijos franceses - e os franceses ignoram isso. Durante anos, os franceses tentaram, sem sucesso, fazer com que os alemães mudassem o nome do creme branco que os alemães chamam de "maionese" (os franceses alegaram que esse produto artificial não merecia esse nome a menos que contivesse ovos e óleo de verdade). Em resumo, os tchecos mudarão o que quiserem mudar.

É claro que é preciso coragem e confiança para lutar por aquilo em que se acredita - e isso pode ser um problema, pois a cultura tcheca tem pavor de qualquer conflito aberto. Mas a sabotagem é uma boa e velha arma tcheca que pode funcionar de forma tão eficaz quanto funcionou no passado sob os austríacos, alemães e russos.

Não há nada a temer. A União Europeia não é a União Soviética porque não vem com tanques e não impõe sua vontade. Antes de entrar para a UE, era necessário fazer o que a UE dizia, mas agora... Assim como a França e a Alemanha ignoraram a exigência de reduzir seus déficits orçamentários, a República Tcheca pode fingir ser surda se a UE quiser mudar algo com raízes profundas na cultura local.

A República Tcheca seria expulsa da UE por isso? Não é tão simples assim, a República Tcheca teria que fazer algo realmente extremo. Lembra-se de toda a confusão de alguns anos atrás sobre a participação de Jorg Haider no governo austríaco? Todas aquelas ameaças feitas contra a Áustria. Nada aconteceu. É claro, o que eles podem efetivamente fazer?

É claro que é desconfortável permitir que países maiores tenham uma voz mais forte na tomada de decisões da UE. Mas eles só precisam aprender a formar alianças com outros países para que a República Tcheca saia ganhando. As únicas pessoas que têm algo a perder são os políticos tchecos, que agora terão que se adaptar às leis e regulamentações criadas por outros políticos do exterior, sobre os quais os políticos tchecos não têm influência.

Para o eleitor tcheco normal, isso provavelmente será uma vantagem, já que alguns desses países têm políticos muito mais experientes, civilizados e conscientes. É provável que muitos desses políticos estrangeiros sejam muito menos corruptos. O jogo de interesses e grupos de lobby será muito mais difícil se for preciso influenciar os políticos holandeses e suecos. Isso é provavelmente o que Klaus mais teme.

---

19. 5. 2004

Os repórteres da al-Jazeera são terroristas com as mãos manchadas de sangue americano?

Fabiano Golgo

"Os americanos estão fazendo a coisa certa. Mesmo que a tortura seja às vezes desumana, o que os iraquianos estão fazendo conosco também é desumano, e devemos lembrar que nosso trabalho é levar a eles democracia e liberdade, que eles não teriam se não os tivéssemos libertado."

O senador de Oklahoma, James Inhofe, que disse isto aí em cima, protestou em audiências recentes no Senado dos EUA contra o fato de que tanta atenção está sendo dada ao escândalo de tortura de prisioneiros iraquianos. Ele ressaltou que essas pessoas não estão na prisão de Abu

Ghraib por violações de trânsito, mas são assassinos, terroristas e insurgentes com as mãos manchadas de sangue americano. "Provavelmente sou a única pessoa nesta mesa que está mais indignada com as atrocidades cometidas contra os detentos do que com o tratamento que recebem", disse ele.

Entrei em contato com o escritório do senador na sexta-feira e perguntei como ele explicou que mais de 2.000 prisioneiros de Abu Ghraib seriam libertados. Afinal de contas, se eles fossem de fato terroristas e não apenas suspeitos de vários crimes, nem mesmo o escândalo de abuso teria levado à sua libertação. O senador não me respondeu, mas seu assessor me disse que o senador me enviaria um e-mail esta semana.

Suhaib Badr al Baz, cinegrafista da televisão Al Jazeera, não é um terrorista. Mas foi mantido sob custódia dos EUA por longos e dolorosos 74 dias.

Não na prisão de Abu Ghraib - no aeroporto de Bagdá. Isso significa que o abuso de prisioneiros no Iraque não se limita à prisão de Abu Ghraib, como o governo Bush quer nos fazer acreditar com sua teoria de que o abuso de prisioneiros foi obra de alguns soldados e que não foi uma política sistemática de seu governo. E Baz testemunhou que ouviu prisioneiros gritando por longos períodos de tempo.

Baz nunca foi acusado de nenhum crime e não tinha o direito de entrar em contato com seu advogado, seus empregadores, seus parentes ou qualquer pessoa fora da prisão. Como civil no Iraque ocupado, ele está legalmente protegido pelas Convenções de Genebra. O secretário de

Defesa dos EUA, Donald Rumsfeld, acaba de atacar abertamente o que a al-Jazeera está transmitindo sobre a ocupação do Iraque em uma entrevista com repórteres em um voo para Bagdá. Ele afirmou que o que a al-Jazeera está fazendo é malicioso, impreciso e indesculpável. Ele falou sobre suas transmissões.

Decidi fazer uma pequena pesquisa entre meus amigos americanos. A esmagadora maioria deles expressou repulsa e a sensação de ter sido enganada pelos autores dos abusos. Das 19 pessoas para quem liguei (Jeanine Wiggins, Jack Mason, Kirk Hall, Matthew LaRouche, Susie Solinas, Marc Andrew Bait, Scott Hetzel, Linda Hetzel, Howard Scott Rogers, Shawny Vines, Rosane Mennis, Lyla Mennis, Will Georgeson, Thomas Feldman, Richard Taub, Karen Taub, Todd Hill, Cameron Matthews e Nash Will), 18 me disseram que achavam que se tratava de ações isoladas de alguns soldados ruins, que não era um problema sistêmico nem um problema de ordens vindas de cima.

Não nos esqueçamos de que as tropas dos EUA dispararam contra os escritórios da al-Jazeera em Cabul e depois em Bagdá. Durante os primeiros dias da ocupação, vários funcionários da al-Jazeera foram mortos, e o lendário e altamente respeitado repórter da BBC, John Simpson, que estava no hotel onde isso aconteceu na época, condenou o ato como um assassinato deliberado.

Al Baz conseguiu fornecer os nomes das pessoas que o maltrataram. Esses nomes coincidiam com os fornecidos por outros prisioneiros. Tudo começou em 13 de novembro. Soldados americanos pararam seu carro quando ele dirigia para filmar alguns ataques que haviam ocorrido quatro horas antes. Eles encontraram seu passe de jornalista da Al Jazeera e começaram a perguntar agressivamente como ele sabia do ataque com antecedência. Eles o algemaram imediatamente. Como ele só foi preso quatro horas depois do ataque, disse que o tinha visto na CNN. Esses soldados, da 4ª Divisão de Infantaria, levaram-no para uma base militar em Samarra e o interrogaram por dois dias. O que se seguiu, Al Baz disse ao jornal on-line americano Salon:

"Na base, vi primeiro um homem alto e gordo que colocou um capuz em minha cabeça". "Depois, ele me obrigou a ficar encostado em uma parede por três a quatro horas. Eles me trataram com muita grosseria, me levaram para uma sala e me interrogaram. Quando o homem alto não ficou satisfeito com minhas respostas, ele me bateu no rosto. Eles me fizeram perguntas que deixaram claro que não estavam interessados na verdade."

Eles não lhe deram comida nem bebida. No dia seguinte à sua prisão, deram-lhe comida fedorenta.

Imediatamente após sua prisão, seus colegas da al-Jazeera TV e amigos começaram a pressionar o exército dos EUA para obter informações sobre seu destino, mas foram informados pela equipe do general Kimmita que não havia informações disponíveis. Essa é uma resposta comum para as pessoas que tentam obter informações sobre pessoas presas recentemente. Al BAz disse que demorou uma semana para que o exército lhe desse um número de identificação de prisioneiro.

"Perguntei se poderia entrar em contato com meus familiares porque eles estariam preocupados comigo. O homem mais graduado me disse para esquecer, que eu iria para a Baía de Guantánamo." Al Baz testemunhou que, durante todo o tempo em que esteve na base, os soldados iam à sua cela, cuspiam nele e gritavam em seu ouvido para impedi-lo de dormir. "Eu não sabia se era dia ou noite. Eles amarraram minhas mãos com tanta força que meus pulsos começaram a sangrar, mas nessa fase eu ainda tinha permissão para ficar com minhas roupas. Foi um período maravilhoso, comparado ao tempo que passei na prisão de Abu Ghraib."

Al Baz diz que foi levado da base de Samarra para o aeroporto de Bagdá, onde seu tratamento piorou drasticamente. "Aqui eu ouvi sons terríveis, muitas pessoas gritando. Eles me mandaram sentar no chão e me anestesiaram enquanto eu gritava. Sempre que eu mexia a cabeça, mesmo que só um pouquinho, um soldado agarrava meu capuz e empurrava minha cabeça contra a parede. Às vezes, eles fingiam que iam me matar, apertando o gatilho de suas armas. Mais tarde, descobri que eles estavam abusando de outras pessoas lá". Al Baz diz que ouviu gritos, homens gritando: "Bush bom, Saddam ruim!" e implorando em voz alta ao Senhor Deus por ajuda. "Mas os abusos a que eram submetidos não tornavam as coisas mais fáceis."

Quando Al Baz foi transferido para a prisão de AbuGhraib no final de novembro, ele observou que lhe foi dito para se despir, mas não foi forçado a participar de cenas encenadas como os outros. "Isso não estava acontecendo comigo", disse ele. Mas ele testemunhou que viu um episódio perturbador envolvendo um pai e um filho. De sua cela, Al Baz olhou por uma pequena janela e viu dois homens nus. "Os meninos tinham apenas cerca de 16 anos de idade e um soldado estava jogando água fria neles. A cela deles ficava bem em frente à minha." Al Baz testemunha que o pai e o filho foram forçados a ficar nus na frente de outros prisioneiros por dias a fio.

"Percebi pela primeira vez que os soldados estavam tirando fotos quando notei que um dos computadores deles tinha uma foto de alguns dos prisioneiros como plano de fundo na área de trabalho. Um dos prisioneiros estava usando um capuz preto e estava coberto de água fria. Vivenciei pessoalmente esse fato. O homem gritou "Eu sou inocente!" até se sentir mal e seu corpo inteiro inchou em decorrência do abuso." Água fria, confinamento na solitária, corpos inchados e abuso psicológico constante são temas recorrentes no depoimento desse cinegrafista da al-Jazeera, que também credita a seus torturadores a engenhosidade.

"Eles tinham todos os tipos de tortura e estavam sempre mudando. Eu implorei para que me levassem para interrogatório novamente e finalmente descobrissem que eu era inocente, mas eles disseram: 'Não, não vamos mais interrogá-lo. Tudo o que sabemos é que você é inocente. Tudo o que sabemos é que você vai ficar aqui'".

Baz foi libertado da prisão de Abu Ghraib no final de janeiro deste ano. Desde então, ele voltou ao seu trabalho na televisão al-Jazeera.

Scott Hetzel, que estudou engenharia eletrônica na Universidade da Flórida e mora a poucos quilômetros da fronteira entre a Flórida e o Alabama, em uma cidade chamada Milton, me disse que concorda com o senador de Oklahoma, Scott Hetzel.

Scott terminou a escola e, em vez de encontrar um emprego em sua área, decidiu ir para a China como missionário batista, onde passou três anos e retornou em dezembro passado. Seu pai e seu irmão estão no exército, guarnecidos em Pensacola. Scott acredita que "os americanos estão fazendo a coisa certa" e que, embora a tortura às vezes seja desumana, "o que os iraquianos estão fazendo conosco também é desumano, e devemos lembrar que nosso trabalho é levar a eles a democracia e a liberdade, que eles não teriam se não os libertássemos".

Scott sempre foi uma das pessoas mais inteligentes de nosso grupo. Ele sempre se destacou em todos os testes de conhecimento, jogava basquete com perfeição e apoiava todas as causas certas no campus. Em poucas palavras, Mirek Dusin. Aparentemente, ele ainda é.

E isso é importante - o fato de ele não protestar contra os abusos cometidos por seus concidadãos no Iraque não significa que ele tenha tendências sádicas. Ele simplesmente acredita que os direitos humanos não devem ser aplicados universalmente e a todas as pessoas do mundo. Ele representa a mentalidade típica de muitos americanos, cuja educação consiste em doses quase diárias de propaganda sobre como sua nação é a mais democrática, livre, civilizada do mundo e está sempre certa.

Depois conversei com a mãe dele, Linda, que me levava para a casa deles no Dia de Ação de Graças todos os anos. Depois de me dizer várias vezes: "Nós te amamos tanto, por que você sumiu?" e depois de pérolas como: "Você não tem medo de ser vítima de uma daquelas guerras lá na Europa?" (ela estava falando da Iugoslávia, sabendo que eu estava bem perto, na República Tcheca), ela começou a falar sobre os abusos no Iraque e os condenou vigorosamente. Mas, por fim, ela acrescentou que todos sabem que "nós, americanos, não somos assim, são apenas algumas maçãs podres".

Perguntei se ela concordava com o filho e contei o que ele havia acabado de me dizer. Ela respondeu que sim, "temos que lembrar que quando os soldados os tratam assim, é compreensível, mesmo que não seja justificável, porque somos o alvo desses terroristas e guerra é guerra". Mas ela insistiu que não poderia tolerar o abuso sexual que viu na televisão. Mas que concordava com o uso de "uma pequena quantidade de tortura" para forçá-los a "nos dizer onde estão todas as armas que estão usando para nos matar e onde encontrar outros terroristas", mas não podia aceitar os métodos que viu na TV.

No entanto, ela acrescentou que "essas fotos não deveriam ter sido divulgadas, deveriam ter permanecido como um problema interno a ser tratado secretamente pelos militares" - nos quais ela tem total confiança - "vocês viram como estamos intervindo profundamente no local e puniremos os criminosos". Ela acredita que o homem que vazou as fotos para o público "agiu de forma antipatriótica e causou danos terríveis à nossa boa causa".

De que outra forma "esses islâmicos (sic) seriam libertados da opressão?"

Em seguida, ela passou o telefone de volta para Scott e eu tentei argumentar, sem sucesso, usando sua crença religiosa de que Deus vê todas as pessoas igualmente. "Não os muçulmanos!" Ele respondeu imediatamente. Esse

profundo fundamentalismo cristão leva Scott a acreditar
que os iraquianos são, de alguma forma, criaturas
diferentes e não merecem privilégios como os direitos
humanos. Se alguém não acredita em Jesus Cristo, ele é
um pecador, uma pessoa que, de acordo com sua religião,
não irá para o céu até que condene o Islã. Como a maioria
de nós sabe, Deus e Jesus fazem parte do discurso e da
vida cotidiana dos americanos. Se não é fundamentalismo
o fato de os americanos também terem TRUST IN GOD
(Confiança em Deus) escrito em suas notas de dólar, não
sei o que mais poderia ser fundamentalismo.

Conectei-me com outro amigo da região que nasceu no
Alabama, Howard Rogers. Sua família não tem
antecedentes militares ou religiosos. No entanto, ele
cresceu em uma pequena cidade no chamado Deep South,
no chamado Bible Belt (uma área onde vivem fanáticos
religiosos) e recentemente se mudou para Kentucky a
trabalho. Howie também é inflexível ao afirmar que, por
mais repugnante que seja a filmagem do abuso, o foco
principal não deveria ter sido os erros de alguns soldados
(ecoando assim a linha da Casa Branca), mas todos os
horrores que os muçulmanos estão cometendo contra seu
país democrático e de pensamento livre. "'Você sabe muito
bem, Fabiano', exclamou ele, 'que estamos no Iraque com a
melhor das intenções, mas eles não entendem de
democracia, por isso estão matando nossos meninos por
lá...'

O gabinete do senador Inhofe recebeu 5.500 e-mails na
terça-feira - como informou o Seattle Times, ele
normalmente recebe apenas 100 e-mails por dia - e cerca
de 70% deles expressavam apoio a ele. "As pessoas
diziam: 'Já estava na hora de alguém finalmente dizer isso

em voz alta'", destacou Inhofe, acrescentando: "Acho que não era necessário que o presidente se desculpasse daquela forma".

O problema é que muitos bons americanos, com a melhor das intenções, são vítimas de um sistema de crenças que os faz sentir que tudo o que fazem é abençoado pelo Senhor, porque são bons cristãos. A ideia de que os ataques terroristas e o ódio contra os Estados Unidos não vêm de alguma parte do mundo que rejeita sua riqueza, liberdade e democracia, mas que a raiz da raiva que os árabes e muitas outras nações sentem em relação aos Estados Unidos é uma atitude pró-Israel quase cega e uma política externa americana muitas vezes insular e egocêntrica.

A maioria dos americanos tem boas intenções - o problema é a Casa Branca.

5. 11. 2004

O retorno de Bush

Jesus ganhou a eleição americana...

Fabiano Golgo

Se eu fosse americano, também teria votado em George W. Bush. Sério?

As pessoas em todo o mundo estão lutando para entender por que os americanos não apenas mantiveram George W.

Bush como líder, mas por que deram a ele o maior número de votos que um presidente americano já recebeu.

O apoio dos eleitores a John Kerry baseou-se muito mais em uma convicção de "prefiro qualquer um a Bush" do que na lealdade à própria candidatura de Kerry.

Kerry não tinha carisma, não parecia um líder e não conseguia se comportar na frente das câmeras de TV.

Kerry é tão fotogênico quanto Eleanor Roosevelt.

Na era da TV, é fundamental ter uma boa aparência. A imagem é tudo em um mundo em que a maioria das pessoas não lê com frequência e obtém todas as informações pela televisão.

Pode parecer absurdo, mas a grande maioria dos americanos aprende o que sabe sobre o mundo não nos noticiários das estações de televisão americanas - todas as três estações nacionais de televisão americanas os transmitem às 18:30 (na Grã-Bretanha, até recentemente, havia uma lei que determinava que as estações de televisão não podiam transmitir notícias umas contra as outras, porque em uma democracia o cidadão deve ter uma escolha plural de notícias; ainda assim, lá, as notícias da televisão em estações terrestres não são transmitidas umas contra as outras, ed.): NBC Nightly News com Tom Brokaw, ABC World News Tonight com Peter Jennings e CBS News com Dan Rather.

A Fox TV nem sequer tem um boletim de notícias nacional porque não gera índices de audiência significativos. De acordo com a análise da Nielsen, a maioria dos americanos fica sabendo o que está acontecendo no mundo e em seu país por meio das piadas de abertura no Tonight Show com o apresentador Jay Leno (dias de semana às 23h35 na NBC) e no Late Show com David Letterman (exibido no mesmo horário na CBS). A ABC, com índices mínimos de audiência, heroicamente leva ao ar o programa de análise de notícias Nightline with Ted Koppel no mesmo horário.

A idade média dos telespectadores dos três boletins de notícias da televisão nacional é de 62 anos, o que explica o fato de que todos esses três programas são patrocinados por fabricantes de medicamentos.

Isso não acontece apenas nos Estados Unidos, onde a maioria das pessoas obtém suas informações sobre o mundo por meio de curtos programas de TV e da imprensa sensacionalista. É um fenômeno mundial que tem suas raízes na cultura pop da década de 1960 e que se tornou a norma hoje em dia. Na Grã-Bretanha, entretanto, há um programa de análise de cinquenta minutos do Channel Four News às 19h todos os dias da semana, que tem uma audiência de cerca de dois milhões de espectadores, e um programa de análise de quarenta e cinco minutos do Newsnight às 22h30 na BBC 2, que também tem uma audiência de cerca de dois milhões de espectadores.

Esses programas de notícias também são transmitidos pela BBC em todo o mundo na BBC World, que tem uma audiência maior do que a da CNN (por exemplo, o programa regular de política externa Simpson's World tem uma audiência de 30 milhões nesse canal). A regra geral hoje em dia é não assistir ao noticiário, apenas ficar sabendo dos principais eventos quando eles começam a ser comentados nas ruas.

E nos Estados Unidos de Bush, as notícias curtas ou "soundbites" estavam disponíveis em abundância e eram adequadamente adaptadas à cultura cristã evangélica americana.

Os Estados Unidos, ao contrário de outros países industrializados, são uma sociedade que frequenta por demais a igreja.

O Sul dos Estados Unidos, o Cinturão Bíblico Puritano, não poderia votar em ninguém que não fosse um homem capaz de garantir a segurança dos eleitores, não apenas contra a "fonte do mal" religioso islâmico, mas também contra o aborto, contra experimentos científicos "estranhos", contra o casamento gay e contra a outra decadência dos valores americanos com os quais essas pessoas cresceram, acreditam e querem defender.

Como evidenciado pelo aumento da popularidade dos comunistas na República Tcheca, não são as grandes cidades ou o mundo intelectual que decidem quem se torna um político importante. E a perspectiva das cidades pequenas tende a ser mais conservadora, mais provinciana e mais egocêntrica. Não é que a maioria dos americanos aprove o que Bush fez no Iraque, é que a maioria deles não se importa ou não sabe nada sobre o Iraque porque têm seus próprios interesses em seu próprio mundo.

Apesar das dúvidas sobre a guerra ou sobre o estado da economia dos EUA, Bush, e não Kerry, compartilhava os valores dos americanos comuns. Foi Bush quem entendeu corretamente o modo de vida deles.

Milhões de conservadores e neo-cristãos que não votaram na eleição de quatro anos atrás foram persuadidos a votar dessa vez para salvar os Estados Unidos da condenação.

Kerry, embora seja católico, não conseguiu falar adequadamente sobre sua fé em público.

Pesquisas de boca de urna realizadas pela CBS e pela CNN após a eleição presidencial constataram que Bush foi reeleito pelos americanos mais velhos. 55% dos eleitores com mais de 60 anos têm uma impressão favorável de Bush, enquanto 54% das pessoas dessa faixa etária aprovam a maneira como Bush conduziu a presidência.

A questão do casamento gay galvanizou os eleitores cristãos, judeus e até mesmo islâmicos que, de outra forma, teriam dúvidas sobre a invasão do Iraque, mas não conseguiam aceitar a possibilidade de que a tradição do casamento entre um homem e uma mulher pudesse ser quebrada.

A questão do casamento gay também atraiu os eleitores negros, culturalmente conservadores, que normalmente apoiam os democratas.

Em Ohio, um referendo sobre a permissão do casamento gay foi realizado ao mesmo tempo que a eleição presidencial. Provavelmente não foi coincidência o fato de Ohio ter se tornado o estado em que Bush recebeu talvez o maior apoio eleitoral dos afroamericanos e dos hispânicos.

Os valores morais - muito mais do que o Iraque ou a economia - influenciaram o voto dos americanos. Dos que mencionaram esse fato, surpreendentes 78% apoiaram Bush. Quase o mesmo número de eleitores mencionou estar preocupado com o terrorismo. Esses eleitores apoiaram Bush em 85% das vezes. Bush obteve 76% dos votos dos cristãos nascidos de novo, e a maioria dos cidadãos que frequentam a igreja regularmente apoiou Bush.

A maioria das mães casadas, cristãos brancos, famílias de militares e pessoas que vão à igreja toda semana votaram em Bush.

Kerry, por outro lado, recebeu forte apoio de mulheres solteiras, mulheres trabalhadoras, eleitores jovens, gays e lésbicas e pessoas que raramente ou nunca vão à igreja.

Kerry parecia maduro e tinha profundidade. Ele é capaz de debater com autoridade sobre praticamente qualquer assunto. Mas - e esse foi seu problema fatal - ele não aprendeu a falar de forma concisa.

Um mundo que está acostumado com os locutores de notícias, com os soundbites, espera frases e slogans fáceis de entender. Kerry era complexo demais para isso. Sua campanha carecia de uma narrativa que explicasse aos eleitores o que o candidato defendia e contra, as posições de Kerry não eram apresentadas de forma fácil de entender.

Bush, por outro lado, fala como um americano comum, as pessoas gostam dele e a maioria pode se identificar com ele.

Houve uma época em que as pessoas queriam que seus presidentes e líderes tivessem uma aura de "super-humano", de estadista, mas hoje o principal charme que atrai a maioria dos eleitores é o fato de o político ser "um de nós". Bush quase tira proveito de sua mediocridade. Na verdade, ele tinha um histórico acadêmico ruim e, em junho de 2001, brincou com os alunos da Universidade de Yale: "Mesmo com C's, você pode se tornar presidente dos Estados Unidos".

Os americanos gostam instintivamente de Bush porque ele não se parece com um político, mas com um homem comum.

O maior trunfo de Bush é sua personalidade. Ele é visto como uma pessoa muito "autêntica". Bush sênior dava a impressão de que mantinha distância das pessoas. Isso criou um enorme contraste entre pai e filho. O mesmo contraste foi criado entre Bush Jr. e Kerry.

A campanha de Kerry era desprovida de temas de impacto, não tinha foco, tinha uma cabeça de formato estranho e olhos estranhos.

A campanha de Kerry foi conduzida de forma tática, ele não tinha visão ou alternativas claramente explicáveis e não dizia nada de forma consistente. Falava com uma voz monótona. Seus discursos não soavam naturais, sua entonação era monótona. Ele não expressava nenhuma emoção. É isso que atrai o eleitor médio.

Poucos poderiam imaginar Kerry como presidente, simplesmente porque Kerry não se parece com um presidente.

Até mesmo o contraste entre os olhos vívidos de Laura Bush, que parece muito mais em forma em comparação com a esposa de Kerry, teve um papel importante. A esposa de Kerry fala inglês com sotaque estrangeiro (seu primeiro idioma é o português, o segundo é o francês, só depois aprendeu inglês), parecendo um pouco desorientada e desajeitada em situações oficiais. Ela é conhecida por sua franqueza.

Como herdeira do império Heinz, fabricante de ketchup, ela era conhecida pelo menos por seu trabalho de caridade. Mas as pessoas veem uma graça em Laura Bush que Theresa Heinz Kerry não tem.

Se eu fosse americano, teria uma sensação tão forte de vulnerabilidade após o 11 de setembro que, de qualquer forma, desejaria um presidente que pudesse se transformar em um xerife que organizasse a vingança.

Bush foi inteligente o suficiente para perceber que as massas queriam um enredo hollywoodiano (mocinhos versus bandidos), uma visão simples e em preto e branco do mundo como a que ele criou, com Bin Laden e sua suposta organização terrorista. Era muito útil que os inimigos tivessem barbas longas, estivessem vestidos com roupas exóticas e viessem de um império maligno distante. Tudo parecia um pouco com uma história em quadrinhos. Isso fez com que tudo parecesse um filme de ação, então o que eu espero do meu presidente além de Bruce Willis?

Seu machismo de alta octanagem serviu bem a Bush. Bush é visto como um caubói simpático e ligeiramente bêbado, ou o tipo de pessoa que conta piadas em uma festa.

Uma grande parte do eleitorado americano viu Bush como um homem de princípios e o recompensou, embora a maior parte do mundo despreze Bush por sua política para o Iraque. Talvez seja por isso que o povo americano o elegeu. Porque os americanos realmente não gostam que outras nações lhes digam o que fazer.

---

22. 11. 2004

Os diários de Josef Mengele

Fabiano Golgo

A Polícia Federal brasileira acaba de disponibilizar 85 documentos escritos pelo "médico" nazista Josef Mengele, que passou os últimos 19 anos de sua vida no Brasil. Na época, se esses documentos fossem encontrados, o governo dos Estados Unidos teria enviado peritos e amostras da caligrafia de Mengele, obtidas após o fim da Segunda Guerra Mundial.

Esses documentos não são uma nova descoberta. No entanto, os americanos pediram ao governo brasileiro que os mantivesse em segredo. Essa decisão agora foi revertida.

Mengele morreu afogado em 1979 na cidade praiana de Bertioga, no estado de São Paulo.

O evento crucial do caso ocorreu em 1985, quando a polícia invadiu a casa de Wolfram Bossert, um imigrante austríaco que havia sido denunciado pela inteligência austríaca por ter feito um acordo com um certo Wolfgang

Gerhard, cujos documentos haviam se tornado os de Mengele. Gerhard morreu em Graz em 16 de dezembro de 1978.

A polícia também acusou Liselotte Bossert, Geza J. Stammer e Gita Stammerer de estarem envolvidos no encobrimento do criminoso nazista.

Um teste de DNA foi realizado com o filho de Mengele, Rolf, para determinar se os ossos exumados no cemitério de Embaú eram de fato os de Josef Mengele. Mengele teve um filho, Rolf, com Irene, ainda na Alemanha. Mas ele se divorciou e se casou com sua cunhada Martha, que ele deixou quando saiu da Argentina.

Rolf só descobriu aos 16 anos que seu "tio Fritz" (Mengele usava o nome Fritz Hollman quando estava escondido na Baviera, de 1945 a 1949) era na verdade seu pai e, além disso, era um assassino nazista.

Em 1977, Rolf decidiu viajar para o exterior e se encontrar secretamente com seu pai. Ele usou documentos falsos para evitar ser seguido pelo serviço secreto israelense (que, como se sabe, havia sequestrado Adolf Eichmann da Argentina muitos anos antes) e passou quinze dias em São Paulo. Rolf disse aos dois autores que fizeram um livro com seu testemunho que sempre que perguntava ao pai sobre seus experimentos em Auschwitz, a resposta era sempre um longo discurso pseudocientífico e filosófico.

A polícia brasileira decidiu parar de esconder os documentos e objetos pessoais de Mengele e liberará a maioria deles ao público por razões históricas. Os textos escritos por Mengele, bem como seus objetos pessoais, serão exibidos no Museu da Polícia Militar em Brasília.

Depois que jornalistas leram todas as cartas de Mengele, relataram que Mengele morreu sem remorso pelo que aconteceu sob suas ordens no campo de concentração na Polônia e pelo que aconteceu durante a Segunda Guerra Mundial em geral. Pelo contrário, os documentos mostram que ele continuou a "desenvolver" suas teorias sobre raças, genética e sociedade.

Esse Anjo da Morte, como ficou conhecido em decorrência das atrocidades que cometeu em Auschwitz, primeiro se escondeu na Baviera até 1949, onde, de acordo com seus próprios textos, trabalhou em uma pequena fazenda da família Fischer. Em seguida, foi para a Argentina, depois que sua viagem foi organizada pela rede de segurança nazista. Por incrível que pareça, ele nem precisou usar um nome falso na Argentina. Ele usava seus documentos normais.

Em 1959, mudou-se para o Paraguai depois que o clima político mudou em Buenos Aires e a Alemanha solicitou sua extradição. Ele chegou ao Brasil em 1960, escondendo-se sob uma nova identidade.

Os manuscritos mostram que Mengele morreu com medo, deprimido e pobre. A rede, formada após a guerra para proteger e apoiar nomes infames da Alemanha nazista, desintegrou-se gradualmente na medida que seus membros morriam e a crise econômica se espalhava na década de 1970. Mengele nesses escritos reclama que não tem dinheiro nem para a gasolina para chegar ao Rio de Janeiro.

De 1976 em diante, ele escreve principalmente sobre sua frustração e sentimentos de traição, pois todos os envolvidos na ocultação de sua identidade o chantageavam e exigiam propriedades e dinheiro em troca de não revelá-la.

Os livros encontrados na casa de Mengele também esclarecem algumas coisas. Ele tinha 94 livros. Cinco deles eram de autoria do zoólogo austríaco Konrad Lorenz. Mengele também guardava um recorte do jornal Folha de São Paulo de 12 de outubro de 1973, anunciando que Lorenz havia ganhado o Prêmio Nobel de Medicina.

Em janeiro de 1976, Mengele escreveu em seu diário que estava lendo as memórias de Albert Speer, o arquiteto de Hitler. Ele então critica o fato de Speer ter expressado arrependimento pelo que estava acontecendo na Alemanha nazista.

Alguns de seus textos foram escritos em uma máquina de escrever Koch Adlernahmaschi, tipo ABC. Outros foram escritos em uma Zephir-SCM Smith Corona.

Em 1969, ele denunciou a falta de críticas aos maus-tratos de Israel contra os palestinos. Ele também escreve que a juventude alemã é "degenerada" e não incorpora mais as tradições alemãs. Incomodava-o o fato de a nova geração de alemães não estar construindo sobre a era nazista e aproveitando suas "conquistas".

Mengele também escreveu alguns ensaios sobre seus temas favoritos. Em 1973, por exemplo, ele escreveu oito páginas sobre as origens e as capacidades intelectuais do povo judeu. Escreve que os judeus descendem de uma mistura de raças da Ásia Menor e do Extremo Oriente e que, durante sua migração ao longo de milhares de anos, adotaram elementos das raças europeias, bem como traços negróides.

Mengele admite que "sem dúvida, as pessoas de ascendência judaica têm grande capacidade intelectual", mas conclui que isso se deve ao fato de todas elas terem vivido em nações com "altos padrões culturais". Eles foram civilizados pelo país para onde vieram. A Alemanha em particular.

Em outro ensaio de treze páginas de 1976, Mengele argumenta que Einstein e Freud produziram "meras teorias especulativas" e não grandes trabalhos científicos.

Há muitas digressões nas cartas. Em uma delas, zomba dos pequenos agricultores para os quais trabalhou entre 1945 e 1948. A carta é intitulada "Fiat Lux" (Haja luz), é endereçada a uma senhora e descreve os esforços inúteis de Mengele para fornecer educação aos membros de uma família de agricultores.

Em outro manuscrito, sem data, Mengele enfatiza que algumas raças são consideradas superiores a outras. Ele teoriza sobre as diferenças entre vários primatas e humanos. Ele tem um carinho especial pela raça nórdica, que considera ser a mais elevada.

Em 1973, ele criou uma estrutura complexa de teorias, usando uma grande quantidade de dados técnicos e referências científicas para provar seu argumento sobre hierarquias raciais. Ele menciona as teorias raciais do Conde Gonieau (Joseph Arthur) e critica a "mistura de raças nos Estados Unidos". Ele enfatiza que isso fará com que os Estados Unidos percam seu papel de liderança. Ele considerava o apartheid como a única forma possível de coexistência se a raça com capacidade intelectual superior fosse preservada.

Em vez de nos surpreender, ele preservou a imagem do Anjo da Morte até sua própria morte. As cartas, ensaios e diários que acabaram de ser divulgados mostram que ele manteve os ideais nazistas durante toda a sua vida e nunca teve dúvidas.

---

17. 12. 2004

Gays e bananas

O fato de os homossexuais poderem se casar é importante para o país mais ateu do mundo?

Fabiano Golgo

Vários comentários e artigos sobre a necessidade de adiar novamente o debate parlamentar sobre parcerias homossexuais concluíram que o assunto foi adiado porque não é adequado para as "emoções da época do Natal". Sempre que um debate sobre parcerias homossexuais é lançado, recebo muitos e-mails de leitores e amigos -

afinal, sou uma das poucas pessoas abertamente homossexuais no cenário da mídia local.

Não me considero a pessoa mais certa para falar sobre casamento entre pessoas do mesmo sexo porque, para começar, nunca tive a intenção de me casar... Sempre vi o casamento como uma instituição falida. Entretanto, ele tem certas vantagens para aqueles que buscam certos direitos, garantidos por lei, especialmente quando se trata de proteger as crianças.

No início, eu também era contra o casamento gay. Tenho aversão a rituais - eles me parecem manifestações de primitivismo. Admito que fui fortemente influenciado nessa atitude pelo ambiente fortemente ritualístico em que cresci. Os casamentos nas igrejas sempre me pareceram comédias mal ensaiadas.

Primeiro estudei em uma escola luterana, depois em uma anglicana, depois em uma escola católica e em uma universidade católica, de modo que sempre estive muito próximo das igrejas para respeitá-las. A bênção de Deus nunca foi uma preocupação para mim. Especialmente do Deus descrito nos Testamentos judaico-cristãos: um Deus cheio de orgulho e desejo de vingança. Entre outras coisas incríveis, esse Deus pune certas nações e promete uma terra prometida especial a outras.

Em 2003, o casamento entre pessoas do mesmo sexo foi legalizado no Canadá. Entretanto, apesar de todo o furor que causou, muito menos pessoas do que se esperava aproveitaram a oportunidade de se casar no país. De fato, duas vezes mais casais gays e lésbicos se casaram em São Francisco durante o famoso período de três dias em torno do Dia de São Valentim (2.340 casais no total) do que se casaram durante os nove meses inteiros em Toronto (1.143).

Por quê? Há menos preconceito no Canadá, portanto há também menos pressão para participar dos rituais da maioria apenas para se sentir "normal", "igual" às outras pessoas. O puritanismo americano alimenta a culpa homossexual, o surgimento de guetos homossexuais e o fato de agir de acordo com certos códigos cria uma identidade homossexual.

Na República Tcheca, não há muita pressão contra os gays, pois há uma prática cultural geral aqui de que as pessoas não expressam opiniões que causariam muito alvoroço, de modo que a maioria das pessoas mantém o que pensa sobre os gays inteiramente para si. Portanto, os tchecos, em grande número, não estão debatendo uma lei para permitir o casamento gay, nem estão pressionando para que ela seja aprovada. Apenas uma minoria de gays está envolvida nesse esforço, embora a maioria deles, sem dúvida, acabaria se beneficiando de tal lei. A lei é bem-vinda, mas não é vital.

O mais importante é que as regras para o casamento e o divórcio foram criadas para uma união muito específica, o paradigma heterossexual tradicional. O fato é que os relacionamentos homossexuais geralmente não têm essa estrutura.

No entanto, surpreendentemente, o debate sobre os direitos dos homossexuais tem evitado a questão central: há algo de errado ou imoral no fato de ser homossexual? Existe uma base racional para o preconceito ainda muito forte contra a homossexualidade, com base no qual as políticas estatais discriminatórias são justificadas? A homossexualidade coloca alguém em perigo ou não?

Não há boas razões seculares para afirmar que a homossexualidade é moralmente errada ou socialmente prejudicial.

Aqueles que promovem tais opiniões são preconceituosos contra gays e lésbicas por motivos religiosos - e, portanto, os políticos tchecos, exceto os do partido cristão KDU-ČSL, não têm nada a temer, porque o Natal na República Tcheca significa carpa e contos de fadas da TV, não Jesus Cristo.

Considerando que o preconceito antigay é geralmente justificado por crenças religiosas ou morais e não tem base racional em nenhum dano substancial que a homossexualidade personifique, a política de estado baseada nesse preconceito na verdade quase significa que o parlamento está tomando decisões com base em princípios religiosos e não em princípios seculares.

O debate sobre se os gays devem ter o direito de se casar legalmente contém uma visão subliminar de como as pessoas veem os gays - "os atos homossexuais não são naturais, são excepcionais".

É como se os homossexuais não existissem em todas as sociedades do mundo, em todos os momentos e em todas as circunstâncias. Entre sunitas ou xiitas, entre inuítes, entre tribos amazônicas, em sociedades urbanas e rurais. Ela existia na empolgante década de 1920 nos Estados Unidos, assim como na Idade Média. Documentos históricos mostram que até Leonardo da Vinci foi condenado por um ato homossexual.

Uma das ideias mais poderosas e incorretas que as pessoas têm é a de que a homossexualidade é uma questão de escolha. E então parece que a sociedade heterossexual está sendo solicitada a aceitar de nós modas, caprichos pessoais...

Se a homossexualidade fosse uma questão de escolha, por que os afegãos votariam nela? Mais de 1.600 afegãos foram condenados à morte por homossexualidade no Afeganistão durante o regime do Talibã (a execução comum era o esmagamento - derrubar a parede de concreto à qual a pessoa condenada estava amarrada). Na China, cerca de 2.000 homossexuais são executados por fuzilamento todos os anos. Na Nigéria, os homossexuais são enforcados.

Punições semelhantes e extremamente severas aguardam os homossexuais na maior parte do mundo. Portanto, se fosse uma questão de escolha, por que eles a escolheriam?

Se fosse uma questão de escolha, eu escolheria ter uma boa esposa, dois filhos e um cachorro.

Presume-se que ser homossexual é ser pervertido, desviante ou (no mínimo) sexualmente defeituoso. Antes de perceber que era homossexual, eu também cresci com essas opiniões. Por que ele escolheria conscientemente a homossexualidade? Eu até zombava de um colega de classe que usava roupas cor-de-rosa antes de começar a me apaixonar por meninos (nunca gostei da cor rosa, no entanto).

Com relação ao sexo, um heterossexual só se sente atraído pelo sexo oposto depois de "experimentá-lo". O desejo existe a partir de uma certa idade, na adolescência, quando a natureza aciona os hormônios e sua sexualidade começa a responder. Para os homens homossexuais, o processo é idêntico - junto com a acne, surgem fantasias e desejos, incontroláveis e inesperados.

E isso acontece muito antes de se "experimentar". Porque não se trata de sexo, mas de amor. Um homossexual é homossexual mesmo que nunca tenha se envolvido em nenhum ato sexual - o que importa é por quem ele se apaixona.

O ódio tradicional contra os gays não se baseia em nenhum padrão ético. É apenas sexismo. É tão racional quanto o antissemitismo ou a crença em mitos, superstições e religiões.

Agora há uma clara distinção entre o crescente consenso secular que considera a homossexualidade inofensiva e as opiniões religiosas e sectárias que acreditam que a homossexualidade é perniciosa. E as leis que restringem os direitos dos homossexuais se baseiam nessas visões religiosas, o que significa que o Estado incentiva ativamente a discriminação com base na suposição altamente contestada de que ser homossexual é inerentemente imoral, antinatural ou insalubre, que de alguma forma representa uma ameaça para os outros.

Não há justificativa política aceitável para que antipatias privadas sejam refletidas na lei ou na política do Estado.

Como está claro que a discriminação contra homossexuais por motivos religiosos entraria em conflito com o princípio da separação entre Igreja e Estado, aqueles que apoiam essa discriminação devem apresentar seus argumentos como se fossem seculares.

Recentemente, cientistas de Oxford realizaram alguns experimentos que, de certa forma, explicam como o preconceito funciona a partir de uma perspectiva neurológica.

Usando imagens de ressonância magnética, eles descobriram o que acontece em nosso cérebro quando vemos algo de que temos certeza da forma, apresentado em uma forma ou cor diferente. Por exemplo, quando as pessoas olhavam para uma banana normal, o cérebro ativava as regiões de percepção visual e de memória, mas quando lhes era mostrada uma banana azul, duas outras regiões do cérebro eram ativadas: a região que sinaliza contradição e a região que sinaliza raiva. Se o cérebro percebe uma contradição em algo sobre o qual está extremamente certo (que a banana é amarela, ou que homens gostam de mulheres e mulheres gostam de homens), a raiva e a agressão surgem como uma tentativa de defender o status quo.

É necessário um extenso processo de deformação dos neurônios que criam essa atitude para que o cérebro comece a reagir contra essa contradição.

Entretanto, muitas pessoas argumentariam que, independentemente da religião e da filosofia, o comportamento homossexual ainda é uma ameaça real aos indivíduos e à sociedade e que, se fosse totalmente permitido, levaria à degeneração da juventude e ao colapso da família.

Mas qual é exatamente a natureza dessa ameaça? O que há na orientação homossexual que faz com que ela impeça os gays de se tornarem pessoas igualmente valiosas, de tornarem suas vidas igualmente legítimas?

A ameaça de os homossexuais terem o direito de adotar crianças é amplamente temida. Muitas pessoas acham que se os homossexuais tiverem permissão para adotar crianças, essas crianças crescerão e se tornarão gays!

Muitos acreditam que, assim como o uso de drogas, a homossexualidade é um comportamento patológico aprendido que é transmitido por gerações por meio de modelos e sedução. Que é supostamente um contágio.

Muitas pessoas acham que os filhos de homossexuais se comportarão sexualmente como eles e que, ao fazê-lo, estarão sujeitos a ameaças adicionais de estupro.

Nos últimos 15 anos, foram feitas muitas pesquisas sobre a vida de crianças com pais homossexuais (casais ou apenas um dos pais). Todas essas crianças, sem reservas, enfatizam que é completamente irrelevante o fato de os pais serem homossexuais, no sentido de que não foram encontradas diferenças entre as crianças de tais famílias e as crianças de famílias heterossexuais.

Um dos projetos de pesquisa mais discutidos sobre esse tópico foi financiado por uma grande igreja protestante da Carolina do Sul, EUA. Eles debateram se os resultados das pesquisas existentes talvez tivessem sido deliberadamente influenciados por cientistas pró-homossexuais. Entretanto,

17 anos depois, após uma pesquisa extensa e dispendiosa, descobriu-se que das 2.600 crianças estudadas - metade de casais heterossexuais; a outra metade vivia com pelo menos um dos pais homossexuais - 9 por cento dos filhos de heterossexuais acabaram se tornando homossexuais, enquanto apenas 0,4 por cento dos filhos de pais homossexuais acabaram se tornando.

Quanto ao abuso sexual, uma pesquisa nacional nos EUA tentou reunir números de pedófilos condenados. Depois de calcular as proporções relevantes (nos EUA, reconhece-se que os homossexuais representam 10% da população, e não 4%, como afirma a República Tcheca), descobriu-se que um heterossexual coloca em risco as crianças do sexo oposto como pedófilo 72 vezes mais do que um pai homossexual. O abuso sexual de crianças é muito menos comum entre pais homossexuais.

Há também um argumento repetido com frequência que Marek Benda levanta novamente em sua entrevista com Pavel Mares no BL: "Desde os tempos antigos da lei romana, o estado favorece a família como o ambiente no qual as crianças são procriadas e criadas. E a educação das gerações futuras é a preocupação de todo estadista que pensa no futuro de seu país. É por causa delas que o casamento e a família têm uma posição privilegiada na sociedade, não por causa do relacionamento emocional dos cônjuges!"

Em primeiro lugar, se o objetivo de todos os casamentos é procriar filhos e garantir a perpetuação da espécie humana, por que as pessoas inférteis podem se casar?

O Sr. Benda deveria informar às mulheres que fizeram a transição ou aos homens que passaram por uma cirurgia de câncer de próstata que, como não podem ter filhos, agora terão que assistir à televisão sozinhos e não buscarão mais nenhuma união oficial com ninguém.

A realização do vínculo matrimonial é o amor, o compartilhamento e o compromisso pessoal - a geração de filhos é uma função completamente secundária.

Também se diz com frequência que o casamento entre pessoas do mesmo sexo ameaça a instituição do casamento.

Eles ameaçam o casamento? Ao permitir que as pessoas se casem? Isso não parece muito lógico.

Eles dizem que o casamento é tradicionalmente uma instituição heterossexual. A escravidão também costumava ser uma instituição tradicional, baseada em tradições que remontam às raízes da história humana. Entretanto, no século XIX, a humanidade mais ou menos percebeu a desumanidade dessa instituição e a aboliu.

Nos países muçulmanos, é uma tradição aceita que sua esposa é sua propriedade. Tradição, é apenas algo que as pessoas decidiram fazer há muito tempo. Essas pessoas não eram necessariamente mais esclarecidas do que nós somos hoje. Suas crenças e seus costumes apenas refletem a época e o ambiente de que faziam parte.

O casamento entre pessoas do mesmo sexo nos colocaria "em uma ladeira escorregadia" rumo à legalização do incesto, da bestialidade, da poligamia e de outras consequências horríveis?

Os homens heterossexuais também costumam rejeitar a homossexualidade masculina porque ela ameaça o reinado universal de sua suposta masculinidade. Ameaça o poder que se supõe ser inerente aos homens e transfere o relacionamento para as mulheres.

Não estou nem aí se o casamento entre pessoas do mesmo sexo será legalizado ou não. Não vou tirar proveito disso. Mas minha antipatia pessoal pela formalização do amor não me dá o direito de negá-lo a pessoas que precisam dessa união matrimonial para se sentirem totalmente humanas e cidadãos respeitados. Respeito totalmente seu direito de lutar por essa lei. Especialmente porque não há nenhuma boa razão para se opor a essa lei. São apenas teorias antigas, inspiradas pela religião. No mundo secular, é uma fraude.

---

7. 2. 2005

RACISMO ?

A Itália é sinônimo de corrupção?

Antonín Kosík protestou contra o que ele considera uma condenação geral estereotipada e racista de "italianos, mexicanos e nepaleses" no artigo de Fabiano Golgo "A história do bom tio Vic e Rod, o mágico". Fabiano Golgo, no entanto, recusou-se a pedir desculpas. Ele declarou:

"Não vejo razão para pedir desculpas. A afirmação de que tanto o México quanto o Nepal são países onde, ao contrário da República Tcheca, a maioria das pessoas é analfabeta não contradiz a realidade. O Brasil também pertence a essa categoria. E o fato de a Itália ser sinônimo de desordem e confusão não é novidade, nem é uma descoberta minha. Antonín Kosík sabe com certeza que seus compatriotas usam o termo "Itália" para se referir a uma situação em que, por exemplo, membros de uma família estão discutindo ruidosamente entre si. "

"Em maio passado, quando viajava de Ljubljana, na Eslovênia, para o aeroporto de Trieste, de onde pretendia voar para Dubai, fui chantageado três vezes na Itália. Primeiro, na fronteira, um oficial da imigração italiana me perguntou por que eu estava entrando na Itália. Eu o informei que tinha um voo para sair dali em duas horas. O oficial de imigração começou a criar problemas artificiais e depois disse abertamente: "Mas isso pode ser resolvido". Ele me pediu um suborno de 50 euros.

Cheguei ao guichê do meu voo para Dubai atrasado, 20 minutos antes da partida do avião. Mas a senhora atrás do balcão da companhia aérea Alitalia me disse que, por 20 euros, eles ainda me deixariam entrar no avião. Não discuti.

Alguns minutos depois, após passar pelo raio X e pela revista policial, eles me levaram para um pequeno escritório, fecharam as cortinas e começaram a me perguntar por que eu estava voando da Itália e não do

Brasil e outras coisas estúpidas. Então, o mais velho dos funcionários da imigração me disse que eu perderia meu voo. Depois de uma pausa, ele acrescentou que, se eu tivesse alguns euros comigo, eles poderiam resolver o problema. Eu disse que queria ligar para a minha embaixada.

Só então fui autorizado a embarcar no avião, que já havia fechado as portas. Tudo o que pude fazer naquele momento foi dizer para mim mesmo em tcheco: "Itália!"

Quando contei isso a dois de meus amigos italianos, eles apenas sorriram e disseram: "Isso é normal". Quando contei isso a um amigo americano, ele me lembrou de como é comum na Itália os turistas serem roubados pelos próprios funcionários da ferrovia.

Mencionei o México, o Nepal e a Itália como exemplos de certos costumes e realidades específicos. Essas são realidades sociais e, portanto, mutáveis. Se se tratasse de racismo, eu estaria criticando algo relacionado à natureza das pessoas que vivem nesses países, não às suas práticas culturais. Não é racismo apontar que os ciganos tchecos são, em sua maioria, sem instrução. O fato de Jarmila Balážová e vários milhares de ciganos terem educação não muda o fato de que a maioria dos ciganos não tem educação.

Antonín Kosík deveria saber que as regras em qualquer sociedade são determinadas pela maioria, não pelas exceções.

Ipse dixit: O erro pró-cubano

*"Celebridades" nos pedem para ignorar que Castro está
violando os direitos humanos*

Fabiano Golgo

Quer dizer que, pelo fato de os Estados Unidos não
respeitarem os direitos humanos, por exemplo, no campo
de Guantánamo, Fidel Castro deveria poder fazer o
mesmo?

A carta, assinada por cerca de 200 "personalidades" que
afirmam que o governo dos Estados Unidos não tem
autoridade moral para criticar as violações dos direitos
humanos em Cuba, dado o tratamento que dão aos
suspeitos de terrorismo nas prisões do Iraque e na base
naval norte-americana na Baía de Guantánamo, contém
uma falha lógica e é extremamente cínica. Uma coisa não
pode neutralizar a outra.

Os signatários poderiam protestar contra a hipocrisia
americana, poderiam apontar em alto e bom som como os
Estados Unidos violam os direitos humanos, eles têm todo
o direito de protestar incessantemente contra a redução da
democracia. No entanto, é inaceitável que comecem a
dizer que os Estados Unidos não deveriam ter lutado
contra o apartheid sul-africano, simplesmente porque as
relações raciais na própria América sempre foram ruins.

Pois se decidirmos que os americanos não tinham autoridade moral para lutar contra o establishment racista da África do Sul, será que aqueles que aceitam essa opinião devem começar a endossar as violações dos direitos humanos da África do Sul?

É possível aceitar a opinião de que a Casa Branca não deveria ter organizado propaganda contra a supressão da democracia na Tchecoslováquia comunista simplesmente porque os Estados Unidos também estavam apoiando regimes militares na América do Sul?

Mesmo assim, se for paradoxal e hipócrita da parte dos EUA, é inaceitável dar a Cuba uma aura de vítima só porque "Cuba é inimiga do nosso inimigo" - e é assim que os signatários dessa carta parecem ver a questão.

A carta serve como uma defesa do regime antidemocrático de Cuba.

Não é de surpreender que o ganhador do Prêmio Nobel José Saramago ou o arquiteto Oscar Niemeyer tenham assinado essa carta, exigindo que o órgão de inspeção de direitos humanos da ONU tome o lado de Cuba na esperada disputa sobre as violações de direitos humanos de Cuba. Ambos são oficialmente membros do Partido Comunista.

Saramago é membro do Partido Comunista de Portugal desde 1969. Oscar Niemeyer filiou-se ao Partido Comunista Brasileiro em 1945, chegou a receber o Prêmio Lênin de Leonid Brezhnev e projetou o prédio da sede do Partido Comunista Francês em Paris. Eu levo o apoio deles a Cuba tão a sério quanto levaria o apoio de Grebenich.

Niemeyer tem agora 98 anos, ainda trabalha em seu escritório em Copacabana 5 dias por semana, 9 horas por dia, e ainda é um comunista entusiasta. Portanto, sua opinião sobre Castro é tão tendenciosa quanto a opinião de Jana Dedečková sobre Václav Klaus. Fidel Castro chegou a dizer em 1997: "Niemeyer e eu somos os últimos comunistas do planeta".

E o que é absolutamente (ir)relevante sobre esse documento é que ele foi assinado por "estrelas". Desde quando o ator de Hollywood Danny Glover é uma autoridade em Cuba? O apoio a Castro por parte dele e de muitos outros são apenas posições pessoais e subjetivas, mas o fato de serem defendidas por pessoas "famosas" confere ao documento duvidoso uma aura de "relevância" em nosso mundo obcecado por celebridades.

Se Bill Gates vai embarcar em uma campanha para nos convencer de que os carboidratos não são bons para a nossa saúde, mesmo que isso seja verdade, por que ele está nos dizendo isso se ele não é uma autoridade no assunto? Devemos acreditar nele só porque ele tem status de celebridade?

Uma autoridade de verdade precisa saber algo sobre o assunto. "Fama" ou "popularidade" não é suficiente. O julgamento deve ser feito com base em um conhecimento real. Ao fazer isso, o especialista deve ser razoavelmente imparcial, sem ser influenciado por outros fatores, como dinheiro, considerações políticas, crenças ideológicas ou religiosas.

É muito estranho que pessoas que, de outra forma, lutam pelos direitos humanos, pela democracia, contra o abuso de poder, apoiem o monárquico Fidel Castro, que nega a liberdade e oprime as pessoas.

Quando li a notícia de que essas "celebridades" estão dando seu rosto a essa causa cínica, no sentido de que "se os Estados Unidos violam os direitos humanos, Cuba também pode fazê-lo", lembrei-me do programa de TV "No Objection", de Miloš Čermák e Milan Šíma, do último domingo. O caso Gross foi analisado lá, por razões que não entendo, por Petr Fejk, o diretor do zoológico de Praga.

Cuba é governada por um ditador que tomou o poder há muitas décadas em nome da libertação da dominação estrangeira, mas substituiu essa dominação estrangeira por sua própria opressão.

A defesa simplista do nosso Mussolini latino-americano, sempre usada pelos apologistas de Castro em todo o mundo, é que a educação e a saúde são gratuitas em Cuba. É um argumento que Husák e Tito provavelmente também usariam. De certa forma, os admiradores de Castro têm medo de descobrir até que ponto esses serviços gratuitos são eficazes.

Desde o ano passado, a equipe médica cubana tem fornecido medicamentos ao público em postos de atendimento público na Venezuela. Hugo Chávez contratou milhares de médicos cubanos para ajudar seu ídolo, cuja ilha oferece (ruim) atendimento médico gratuito para todos e (ruim) educação para todos, mas tem um problema comunista típico: pessoas demais para as quais não há empregos. Por isso, ele as enviou para a Venezuela. Dessa forma, o camarada Chávez ajuda o orçamento cubano e paga altos salários a mais de 50.000 cubanos com o dinheiro dos contribuintes venezuelanos.

Como diz meu amigo cubano Bernardo: "Em Cuba, sempre há um médico à nossa disposição, mas nem sempre ele pode nos curar. É como o direito dos índios à assistência médica gratuita – so que é do xamã da tribo..."

Por que Fidel tem essa licença especial para matar e torturar pessoas?

Discutir se as sanções dos EUA contra Cuba são razoáveis é outra questão. Isso pode ser discutido por motivos econômicos e históricos. Mas essa questão moralmente cínica de que o acusador "também é culpado" deve ser rejeitada.

E, a propósito, foi só eu que ouvi Fidel Castro criticar as condições do campo americano na Baía de Guantánamo por três anos? Como é que o Padre Betto ou Volodya Teitelboim nunca disseram a Fidel que ele deveria primeiro se certificar de que eliminaria suas próprias violações de direitos humanos?

Essas pessoas demonstram uma incrível relatividade moral. O que é exatamente a mesma coisa de que acusam os Estados Unidos.

21. 3. 2005

Sobre a riqueza de Fidel e os milagres sociais

Fabiano Golgo

O Sr. Hekrdla tenta manipular um pouco os fatos quando escreve que Fidel não pode ter todo o poder em suas mãos, porque as principais autoridades cubanas não incomodam o velho sobre todas as decisões, não o consultam em questões menores. De acordo com essa lógica, o Sr. Hekrdla também pode argumentar que nem mesmo Stalin, Mao ou Hitler tinham todo o poder em suas mãos, porque eles também tinham funcionários do partido e do Estado, "comandantes" provinciais, chefes de empresas, oficiais superiores do exército, policiais uniformizados e secretos, programadores ideológicos.

O fato é que foram apenas esses ditadores de alto escalão que escolheram as políticas que suas autoridades inferiores implementariam, criando essas mesmas autoridades. E em regimes despóticos, os funcionários das autoridades agem como fantoches, pois só podem permanecer no cargo se forem leais ao ditador.

Portanto, não vamos nos esquecer disso e não vamos obscurecê-lo com meias-verdades e sofismas.

Alguém pode me explicar o que impede Fidel de decidir como qualquer empresa cubana deve ser administrada? Quem tem o direito de dizer em Cuba: Não, eu discordo. E alguém na imprensa cubana ou entre o povo cubano pode expressar desacordo com a forma como Fidel está administrando as empresas e a indústria cubanas? Se não, então tudo pertence a Fidel. É por isso que ele decide o que é feito com o dinheiro que essas empresas ganham. Independentemente de quantas pessoas também comentem, a decisão final é de Fidel e, o mais importante, a política geral sobre como esse dinheiro deve ser usado também é feita por Fidel.

Há dois anos, Fidel disse em um discurso que não gostava de sua própria decisão de alguns anos antes, quando permitiu que as pessoas abrissem restaurantes particulares em seus próprios apartamentos, desde que os funcionários fossem apenas membros de sua própria família (isso se espalhou em áreas turísticas, e os estrangeiros iam almoçar nesses apartamentos particulares transformados em cantinas). Na semana seguinte, a polícia liquidou 96 desses restaurantes.

Isso mostra até que ponto Fidel está exercendo seu poder.

Durante os 45 anos de governo de Fidel, o ditador cubano tomou muitas decisões desse tipo por conta própria.

Sim, Fidel Castro está envelhecendo, e recentemente vimos como ele sobreviveu a uma queda dramática na frente das câmeras, mas também vimos como, alguns minutos depois, esse homem idoso disse às câmeras de televisão que estava bem e que continuaria a governar.

Outra prova de que o Sr. Hekrdla está errado sobre até que ponto Castro comanda a vida cotidiana em Cuba é que, quando foi levado ao hospital onde seria operado, Castro se recusou a ser colocado para dormir antes da operação porque não queria entregar oficialmente seu poder presidencial a ninguém enquanto estivesse sob anestesia. Ele só tomou uma anestesia local para provar ao povo cubano que ainda era o homem macho do qual se orgulham.

Esse desafio teatral é uma prova mais do que aceitável de que Castro ainda tem um interesse muito próximo e pessoal em tudo o que diz respeito à vida e ao governo em sua ilha.

Embora seja de se esperar que ele deva, pelo menos, ficar em segundo plano agora, devido à sua idade, Castro é extremamente vaidoso e, portanto, não está disposto a deixar transparecer que está enfraquecendo ou perdendo poder.

O Sr. Hekrdla deveria pedir à Embaixada de Cuba em Praga que lhe enviasse seus boletins de notícias contendo todos os discursos de Fidel. Estou guardando-os. Um dos últimos discursos durou 5 horas e 26 minutos. Não é exatamente o desempenho de alguém cujo poder político está diminuindo e que está se retirando do centro da atividade política. Fidel governa, ele permanece no poder e é dono de tudo em Cuba até que ele mesmo abandone o poder.

Quanto à afirmação do Sr. Hekrdla de que um favelado de outros países latinos não consegue jamais ficar rico, eu nem deveria responder a isso, porque o Sr. Hekrdla não apresentou nenhuma evidência de que esse seja o caso, enquanto eu forneci uma lista completa de nomes conhecidos que comprovam isso. É verdade que a realidade da vida dos pobres brasileiros é horrível. Não há nada de novo nisso. Só não entendo como os pobres cubanos seriam mais felizes...

É claro que é verdade que não há agitação social em Cuba como em todos os outros países da América do Sul. Também não encontramos em Cuba os altos níveis de criminalidade e pobreza que existem em outros lugares.

Muito bem! E a ditadura recebe o crédito por isso? Sim, e Praga também era um lugar muito mais seguro durante o governo de Husák. Havia muito menos desigualdade social na Boêmia sob o antigo regime. Alguém pode apontar alguma afirmação da Tchecoslováquia comunista sobre como seus cidadãos eram prósperos e bem de vida que não seja repetida até hoje pelo regime cubano? O que a Cuba de hoje tem que a Tchecoslováquia comunista não tinha? E como a situação seria diferente se o regime comunista de Cuba tivesse caído em relação à situação que ocorreu quando o regime comunista da Tchecoslováquia caiu?

É claro que é possível que o Sr. Hekrdla seja uma daquelas pessoas que querem voltar ao passado, abolir os hipermercados, a mídia privada, a imprensa livre, o direito de viajar e tudo o mais. Se ele estiver argumentando que os aspectos positivos do modo de vida capitalista não são positivos e que as pessoas em Cuba estão em melhor situação porque não têm esses aspectos positivos à sua disposição, eu recomendaria que o Sr. Hekrdla fosse morar em Cuba por alguns anos. Se o Sr. Hekrdla prefere um país onde não consegue encontrar papel higiênico ou tampões menstruais femininos em lojas estatais, ele está exibindo seu "esquerdismo" de salão, que geralmente é exibido por membros ricos da classe média.

O povo cubano deve ter o direito de decidir por si mesmo o que quer. O Sr. Hekrdla escreve que acha que eles votariam em Fidel. Como o Sr. Hekrdla não me emprestou sua bola de cristal, não posso confirmar isso. A única maneira de me convencer disso seria se Fidel tivesse a coragem de permitir uma eleição real. Se ele não mandasse matar seus oponentes políticos para que pudéssemos ouvir suas opiniões.

Aqueles que se desculpam pelo regime de Fidel o fazem com base na crença de que estão lutando contra os Estados Unidos, que teriam assumido o controle de Cuba sem Fidel. No entanto, a realidadc é que os defensores de Cuba estão lutando contra outros cubanos que têm sua própria ideia de como administrar o país. Por que tantas pessoas estão convencidas de que pessoas como Vladimiro Roca, Professor Felix Bonne, René Gomez Manzano, Marta Beatrix Roque e tantos outros pretendem subjugar seu país à influência americana? Não, eles são apenas pessoas com visões diferentes sobre como governar Cuba. Por que elas precisam ser presas ou mortas? O que impede Cuba de ter essas estatísticas sociais supostamente sensacionais, mesmo que fosse uma democracia?

Se todos os cubanos apoiam Fidel, então ninguém deve ter medo de eleições e deve ser dada a eles a oportunidade de decidir publicamente.

A resposta do Sr. Hekrdla me soa como os argumentos dos tchecos antiglobalização que gostariam de uma República Tcheca sem hipermercados e multiplexes, sem McDonald's e telefones celulares e sem carros. Essas são ideias utópicas. Em nome de sua certeza de que a vida é melhor sem televisão ou micro-ondas, eles estão tomando decisões em nome de todos os cubanos que não foram devidamente questionados sobre o que realmente querem.

A questão principal é: por que Fidel deveria ter o direito de tomar todas as decisões sobre a economia ou sobre se esta ou aquela lei deve ser aplicada em Cuba? Ele foi eleito e tem um mandato para fazer isso? Em uma eleição livre em que os eleitores puderam escolher entre vários candidatos?

No entanto, vamos pelo menos fingir, para fins retóricos, esta mentira: mesmo que Cuba fosse um paraíso para seus cidadãos, mesmo que as pessoas vivessem em perfeito contentamento, isso significaria que seu principal político tenha o direito de prender, torturar e assassinar seus oponentes políticos? O direito de proibir eleições livres? O direito de proibir uma imprensa livre? O direito de prender sem acusação? O direito de decidir quem pode ou não abrir um restaurante?

Argumentar em favor de Cuba, usando argumentos econômicos e sociais duvidosos, é cínico, porque nenhum de nós pode justificar um regime em que uma ou algumas pessoas têm o direito de desrespeitar os direitos humanos de outras.

Portanto, sejam quais forem as circunstâncias, Fidel é um ditador porque dita como seu país deve ser governado, como seus cidadãos devem se comportar e pensar, quem deve ser morto e quem deve ter permissão para viver.

Mesmo que o Sr. Hekrdla estivesse certo sobre a suposta beleza de Cuba, e mesmo que fosse realmente verdade que os habitantes de favelas cariocas nunca sairão da pobreza, Fidel ainda seria um governante despótico. E isso não pode ser defendido ou anulado por dados econômicos.

É puro dogma ideológico afirmar que há mais justiça social em Cuba do que em outros países sul-americanos graças a Fidel. A única coisa que ele fez por sua população em quase cinquenta anos foi oferecer a ela um sistema de educação e saúde. Nada mais. Em 45 anos?

E se for verdade que proporcionar condições sociais decentes para a população dá a um político importante o direito de prender oponentes e até mesmo assassiná-los, então George W. Bush também pode fazer isso e todos terão de se calar. Afinal de contas, se aceitarmos o argumento dos apologistas de Fidel Castro, esse revolucionário está proporcionando ao povo cubano condições de vida muito melhores do que as que existiam antes de ele chegar ao poder e, portanto, ele tem o direito de permanecer no poder enquanto quiser, e tem o direito de ignorar os direitos humanos de seus concidadãos. Bush e qualquer outro presidente americano têm o direito de pedir os mesmos poderes sobre a vida e a morte dos cidadãos americanos, afinal de contas, a população americana tem sido sensacionalmente abastecida por muitas décadas...

Por fim, gostaria de salientar que é importante ressaltar o quão interessante é o fato de os tchecos ficarem tão felizes em atacar a opinião de alguém, tentando desqualificá-la alegando que se trata de uma opinião ideológica. É irônico, uma vez tive que escrever um artigo sobre o "Golgo Vermelho" porque fui considerado um sul-americano de esquerda.

Não tenho ideologia. Não aceito cegamente as crenças ou teorias de quem quer que seja. Apenas defendo certos dogmas sobre a liberdade de expressão e o direito à vida.

Sou, Sr. Hekrdla, contra monarquias inconstitucionais como Cuba e contra qualquer regime que negue à população seus direitos civis. Minha bíblia foi referendada por Eleanor Roosevelt, a Declaração Universal de Direitos Humanos.

O fumo e os noticiários da televisão americana

Por que um maço de cigarros não custa 250 CZK na República Tcheca como na Grã-Bretanha?

Fabiano Golgo

Em apenas um ano, houve uma troca de guarda na televisão americana e os noticiários de TV agora são lidos por apresentadores completamente diferentes.

Primeiro, Tom Brokaw deixou o Nightly News da NBC, o programa de notícias que era o mais assistido nos Estados Unidos. Ele deixou a cadeira de apresentador no ano passado, passando-a para seu substituto de longa data (durante as férias ou dias de folga), Brian Williams.

Em seguida, surgiu um escândalo sobre uma reportagem no programa de notícias regular 60 Minutes, apresentado por Dan Rather, do Evening News, o programa de notícias noturno da CBS. Isso fez com que Rather se aposentasse um ano antes do planejado, depois de 24 anos em vez de 25. Originalmente, Rather herdou sua cadeira de âncora do famoso jornalista americano Walter Kronkite (cujas reportagens críticas sobre a Guerra do Vietnã teriam persuadido a opinião pública americana a se opor à guerra).

Rather foi retirado da televisão tão rapidamente que a emissora não teve tempo de encontrar um substituto, então trocou Rather no noticiário televisivo pelo idoso Bob Schiefer, apresentador do talk show político dominical Face the Nation. Nesse meio tempo, Les Moonves, CEO da CBS, está procurando um sucessor adequado e também um novo formato para esse programa de notícias, que considera ultrapassado (72% dos telespectadores do programa têm mais de 60 anos de idade...)

Agora, somente o apresentador do World News Tonight da ABC, Peter Jennings, continua no ar. Jennings substituiu Frank Reynolds após sua morte repentina em 1983. Jennings às vezes é acusado por algumas organizações conservadoras de "viés de esquerda".

No entanto, os defensores de Jennings argumentam que a maioria dos ataques críticos contra ele consiste em imprecisões não científicas e citações tiradas do contexto. Um crítico de Jennings é o ex-repórter da ABC News, Peter Collins. Ele alega que Jennings reescreveu sua cobertura do 10º aniversário dos sandinistas para dar uma visão melhor aos sandinistas.

Jennings é o único âncora do noticiário noturno que está no cargo há mais de duas décadas, depois que Brokaw se aposentou em dezembro de 2004 e Rather em março deste ano. Os índices de audiência dos programas de notícias de Jennings ficaram muito atrás dos de Brokaw durante vários anos e agora são inferiores aos índices de audiência dos programas do sucessor de Brokaw, Brian Williams.

Mas, na semana passada, Jennings, que parou de fumar em 1988, mas voltou a fumar brevemente após os ataques de 11 de setembro, disse aos telespectadores, em uma atualização pré-gravada, que havia sido diagnosticado com câncer de pulmão. Ele também disse que estava começando imediatamente a se submeter à quimioterapia. Nesse meio tempo, ele foi substituído por Charles Gibson e Elisabeth Vargas.

O mais importante é que Jennings, como canadense, era o único âncora de telejornal americano considerado um jornalista independente. Jennings é o jornalista mais crítico, o menos estabelecido. O chefe de notícias da ABC, Rooney Arledge, certificou-se de que sua redação não sofresse nenhuma interferência dos proprietários da emissora. Sem Jennings, o mundo da televisão americana se torna mais pasteurizado, menos crítico. Jennings chegou a obter a cidadania americana em 2003 para que os republicanos e fundamentalistas cristãos não pudessem repreendê-lo por não ser confiável por ser estrangeiro...

É realmente uma pena. É um lembrete importante do que o fumo pode fazer com você. Especialmente quando as "escolas de ensino médio" do país estão considerando criar "salas para fumantes" especiais para os alunos...

A atitude cínica das pessoas que querem introduzir esse absurdo é que os alunos fumarão de qualquer maneira, apenas se trancarão no banheiro para fazê-lo.

E por que um maço de cigarros não custa 250 coroas tchecas na República Tcheca, como no Reino Unido?

---

15. 4. 2005

França: 'Quando a mídia será separada da Igreja Católica?

O que é de César não é de Deus

Fabiano Golgo

Na França, a religião é completamente relegada à esfera privada. O Estado não deve ter nada a ver com isso. Nem mesmo se sabe exatamente quantas das religiões existentes na França têm fiéis, pois essa pergunta não faz parte do questionário do censo.

No contexto dessa secularização, não é de surpreender que tenha surgido um debate feroz na França sobre a maneira como a mídia noticiou a morte do Papa João Paulo II.

A República Francesa é secular e tem muito orgulho da lei de 1905 que implementou a separação entre a Igreja e o Estado.

Os políticos e intelectuais que criaram a moderna
República Francesa após a Revolução Francesa criticavam
duramente a Igreja Católica e seu papel na opressão do
povo francês sob a monarquia absolutista. Eles derrubaram
altares e fecharam igrejas.

Assim, os presidentes franceses sempre se recusaram a
participar de cerimônias nas quais o poder do Estado e da
Igreja se misturam. E a maioria dos franceses, seja de
esquerda ou de direita, protestou contra a menção da
"herança cristã" que foi incorporada à constituição
europeia.

É por isso que a presença do Presidente Jacques Chirac e
do Primeiro-Ministro Jean-Pierre Raffarin na missa
dominical (em 3 de abril) na Catedral de Notre Dame em
Paris, no dia seguinte à morte do Papa, bem como as
bandeiras a meio mastro, o luto nacional oficial e a decisão
do Ministro do Interior de dar folga aos funcionários
públicos (aqueles que normalmente têm que trabalhar aos
domingos) provocaram um debate bastante substancial na
imprensa e nos cafés franceses.

Em um debate na TV5 nos últimos dias, uma mulher
muçulmana admitiu que Jacques Chirac a chocou - ele
havia lutado por uma lei que proibia o discurso religioso
ostensivo nas escolas - ao participar de uma cerimônia
religiosa. Até mesmo um membro católico do parlamento
francês apontou na televisão France 1 que não é aceitável
que o Estado se envolva em eventos religiosos, já que há
muitas religiões diferentes na França, não apenas o
catolicismo. Ele argumentou que isso significaria que
Chirac teria que participar de cerimônias semelhantes das

igrejas islâmicas, judaicas, evangélicas ou até mesmo dos seguidores de Hare Krishna...

Entretanto, não foi apenas a participação do Estado nesse evento religioso que se tornou alvo de críticas. Os críticos também rejeitaram o que consideraram ser uma transmissão excessivamente extensa sobre a agonia de João Paulo II e sua morte.

Os franceses de mentalidade liberal também consideraram um escândalo o fato de que tanto as autoridades do Estado quanto as emissoras de serviço público se submeteram ao Papa, que, de acordo com a opinião pública, deveria ser reconhecido apenas como o líder espiritual de uma das muitas igrejas e, no máximo, como uma figura pública internacional. É importante observar que, devido ao status do Papa como uma figura pública internacional, os franceses concordaram que seus principais políticos deveriam comparecer ao funeral em Roma. No entanto, o Estado francês não deveria se envolver de forma alguma no funeral.

O jornal diário Libération publicou uma longa análise sobre o assunto, com uma lista completa de como a mídia de serviço público não respeitou o secularismo da República Francesa. O jornal atacou nominalmente Béatrice Schonberg, apresentadora da televisão France 2, por adotar uma abordagem acrítica na cobertura da morte do papa e por se referir constantemente ao papa como "Santo Padre", um termo que se diz ser reservado apenas para os católicos. A manchete principal desse jornal perguntava: "Morte do Papa - secularismo a meio mastro?"

Outra falha da mesma Béatrice foi falar da gruta em Lourdes onde "a Virgem Maria apareceu na presença de Bernadette Soubirou" como se isso fosse um fato e não apenas uma alegação da Igreja Católica. A repórter deveria ter dito "onde se alega" ou "onde, de acordo com a Igreja Católica", Nossa Senhora apareceu. Eu teria ido mais longe e esperado que ela se referisse à mãe de Jesus apenas como Maria, porque não tenho motivos para acreditar que ela era virgem, nem há motivo para usar a letra P maiúscula.

Jean-Claude Allanic, o ombudsman da France 2, admitiu que 'durante a agonia e depois durante a primeira hospitalização de João Paulo II, essa estação de televisão usou a emoção ao máximo. E emoções não são informações".

Choveram e-mails nas caixas postais de jornais de esquerda como Le Monde, Libération, L'Humanité e Le Canard Enchaîné (que é considerado leitura obrigatória para intelectuais e "pensadores livres"). Um leitor reclamou em uma carta ao Libération que "em um estado secular onde há menos de 15% de membros da religião católica, é vergonhoso e escandaloso que a televisão [pública] France 2 tenha transmitido um dia inteiro de reportagens sobre a morte de um papa".

Outro leitor observou ironicamente que a France 2 seria rebatizada de TeleVaticano na sexta-feira passada. Outros falaram da "cobertura excessivamente intensa" da morte do Papa. Outro crítico se referiu ao primeiro artigo da constituição francesa: "A França é uma república indivisível, secular, democrática e social".

A revista Le Canard Enchaîné, que é literalmente a personificação da irreverência - e que recentemente expôs o comportamento antiético do ministro das finanças da França, Hervé Gaymard, que foi posteriormente forçado a renunciar - publicou uma manchete dizendo: "Quando a mídia será separada da Igreja Católica? com o subtítulo "Nossa República Católica".

O diário comunista L'Humanité publicou a manchete "France Urged to Say Amen" (A França é instada a dizer amém) e publicou críticas ao estado republicano que "abusou das coisas fundamentais que os cidadãos de mente secular consideram razoáveis".

O Le Monde escreveu em sua primeira página que a decisão do Estado de realizar um luto oficial por ocasião da morte do Papa atraiu críticas de "pensadores livres". O jornal perguntou se o Estado francês também ordenaria que as bandeiras fossem hasteadas a meio mastro se um grande imã islâmico ou até mesmo o Dalai Lama morresse. O editor do La Raison, Christian Eyschen, falou sobre a saturação excessiva da mídia com informações sobre o Papa e denunciou o que ele chamou de "violação da liberdade de consciência".

Eyschen relembrou todas as comemorações em janeiro de 2005 referentes ao centenário da lei sobre a separação entre a Igreja e o Estado. "Em flagrante contradição com essa lei, vejo que a religião não é mais um assunto privado."

Em um comentário editorial, no entanto, o maior jornal diário da França, Le Monde, escreveu que a morte do papa havia se tornado um fenômeno de mídia em escala global:

até mesmo as duas principais estações de televisão do mundo árabe, Al Jazeera e Al Arabiya, transmitiram ininterruptamente a cobertura ao vivo da agonia e da morte do papa tão extensivamente quanto a mídia do mundo ocidental cristão.

Para o filósofo Michel Guérin, autor de Pieta, a apologia ateísta da religião cristã ("Pitié, apologie athée de la , apologie athée de reading religion chrétienne"), o mundo testemunhou a mesma saturação intensa da mídia após a morte da Princesa Diana.

Esse fenômeno pode ser explicado, de acordo com Guérin, pelo fato de João Paulo II ter globalizado a Igreja Católica. Guérin chama o fenômeno de "kitsch idealizado" - porque o Papa simplesmente se tornou mais uma "celebridade" moderna.

Eu, que sou sem religião e sem crenças sobrenaturais, nada tenho com isso...

---

22. 8. 2005

Sobre poloneses corajosos, tchecos fleumáticos e brasileiros neutros

Fabiano Golgo

Temos que aceitar um fato bem conhecido: os poloneses são lutadores e os tchecos não. Dizer que os poloneses não lutaram depois que o estado de emergência foi declarado na Polônia sob o comando de Jaruzelski é falta de visão. É um sofisma.

Há cerca de dois anos, eu estava sentado em um restaurante com meu amigo tcheco Dan e seu amigo polonês Tomek. Ambos tinham menos de trinta anos, portanto não haviam vivido a Segunda Guerra Mundial, o levante polonês ou a Primavera de Praga e, por fim, o início do movimento polonês Solidariedade. Essa foi uma excelente oportunidade para minha alma de antropólogo, pois o que aconteceu confirmou as personalidades típicas tcheca e polonesa.

Depois de algumas cervejas (eu, como abstêmio, bebo suco, mas meus amigos eslavos nunca recusam uma cerveja), Tomek começou a falar sobre as diferenças culturais entre nós. Ele queria saber em quantas guerras o Brasil lutou. Quando expliquei que, quase ao final da Segunda Guerra Mundial, o Brasil enviou cerca de 2.000 soldados para a Itália, mas quando eles chegaram lá, a Itália já havia sido derrotada, então nossos heróis ficaram cantarolando as belas italianas antes de serem mandados de volta para o Rio de Janeiro, e que antes disso houve uma guerra com o Paraguai em miniatura em algum momento do século 19, Tomek concluiu: "Então vocês são como os tchecos".

Dan continuou a beber tranquilamente, mas o incomodava muito que assuntos tão sérios estivessem sendo discutidos em um momento destinado ao consumo sagrado de cerveja. Tomek falou longamente sobre a coragem polonesa, citando muitos exemplos da história quando sua nação enfrentou o inimigo - e ele tinha muitos.

Expliquei que o Brasil resolve nossas diferenças por meio do futebol, o que deixou Tomek ainda mais irritado. Por que o Brasil não tomou uma posição clara contra a Alemanha de Hitler? O fato de que quase 10% dos brasileiros eram de origem alemã na época, e que muitos deles eram muito ricos e influentes, não era uma explicação suficiente para ele. Ele argumentou que também havia milhões de poloneses vivendo no Brasil naquela época (mas eles eram, em sua maioria, aldeões, fazendeiros, não empresários).

Expliquei, então, que os brasileiros preferem se manter o mais neutros possível, já que seu país é tão grande que ocupa quase todo o continente, e que os vizinhos do Brasil são pequenos demais para serem uma ameaça a ele. E o que está acontecendo do outro lado do oceano é muito distante para atrair a atenção brasileira.

"Não, vocês são covardes, assim como os tchecos!" denunciou ele a mim e meus 180 milhões de concidadãos. Naquele momento, Dan acordou de sua relação idílica com o pão líquido, que é como os tchecos se referem a sua milenar cerveja, que vão da Pilsen até a Budweiser, ambas criações tchecas, e começou a defender sua nação. Ele perguntou a Tomek: "Quantos de seu povo morreram lutando contra a invasão de Hitler?"

Nosso amigo de Varsóvia respondeu com orgulho: "Três milhões, sem contar os judeus..."

A isso Dan acrescentou outra pergunta: "E vocês ganharam?"

Tommy ficou irritado com a pergunta, para a qual a resposta é bem conhecida: "Não, não ganhamos, você sabe disso!" Ele disse com muita raiva.

"Veja bem, vocês, poloneses, são mais corajosos, mas nós, tchecos, somos mais inteligentes - vocês só descobriram que não venceriam os nazistas DEPOIS que todas aquelas pessoas corajosas morreram. Nós não podíamos nos dar ao luxo de perder nossos covardes e menos numerosos habitantes..."

<hr>